A CONSTRUÇÃO DAS RELAÇÕES DE CONFIANÇA NA EDUCAÇÃO.

SOBRE PAIS, PROFESSORES, EDUCANDOS E ESCOLAS.

CLAUDIA MARÍLIA NOGUEIRA

A CONSTRUÇÃO DAS RELAÇÕES DE CONFIANÇA NA EDUCAÇÃO.

SOBRE PAIS, PROFESSORES, EDUCANDOS E ESCOLAS.

© Publicado em 2012 pela Editora Isis Ltda.

Supervisor geral:
Gustavo L. Caballero

Ilustração da capa:
Doda Ferrari

Revisão de textos:
Ana Kronemberger

Diagramação:
Décio Lopes

DADOS DE CATALOGAÇÃO DA PUBLICAÇÃO

Nogueira, Claudia Marília
A Construção das Relações de Confiança na Educação / Claudia Marília Nogueira | 1ª edição | São Paulo, SP | Editora Isis, 2012.

ISBN: 978-85-8189-001-2

1. Educação I. Título.

Proibida a reprodução total ou parcial desta obra, de qualquer forma ou por qualquer meio seja eletrônico ou mecânico, inclusive por meio de processos xerográficos, incluindo ainda o uso da internet sem a permissão expressa da Editora Isis, na pessoa de seu editor (Lei nº 9.610, de 19.02.1998).

Direitos exclusivos reservados para Editora Isis

EDITORA ISIS LTDA
www.editoraisis.com.br
contato@editoraisis.com.br

"Aos meus queridos familiares,
pelo acolhimento e encorajamento
que sempre me dedicam.

Ao Doda Ferrari,
por presentear-me com a
criação da capa deste livro".

Índice

Introdução 9
Capítulo I   Ser criança 19
Capítulo II   Sobre as partes, o todo e o embuste
                da pseudocordialidade............................... 27
Capítulo III   Construção de uma nova realidade pautada pelo
                acolhimento. Em foco a saga do adolescente......... 53
Capítulo IV   Breves considerações sobre a escola 73
Capítulo V   Sobre tarefas escolares – Sísifo e Psique 77
Capítulo VI   Pais 91
Capítulo VII Os professores e o resgate da autoestima 111
Capítulo VIII 1. Sobre os paradigmas da razão humana 121
Capítulo IX   2. Projeto brincando com as dificuldades em
                busca de ações transformadoras da realidade 143
Considerações finais... 155
Referências Bibliográficas.. 165

Introdução

Trajetórias e descobertas de um educador
sobre os sentidos do aprender

Tenho por hábito caminhar aos sábados. É um momento de descontração, que me ajuda a recarregar as energias e, ao mesmo tempo, a colocar ideias, pensamentos e planos em dia.

Numa dessas manhãs, peguei-me às voltas com reflexões que me conectaram às minhas próprias experiências com o aprender. Enquanto caminhava, como que num exercício metacognitivo, vieram-me à mente lembranças de uma grande mestra.

Matemática por formação, a professora chamava atenção por somar, ao seu pensamento lógico, a intuição, a criatividade e um lado afetivo acolhedor, apesar da atitude rigorosa. Lembro-me de que ela procurava valorizar os diferentes talentos e as diferentes formas de se chegar a um resultado; o que importa é o processo, dizia. Pela primeira vez entendi e consegui gostar, ao menos um pouco, de matemática.

Continuei minha caminhada pensando sobre as diferentes formas de pensar. Refleti então sobre o pensamento dedutivo e o indutivo, que tanto influenciam métodos científicos, reflexões filosóficas, e que pressupõem diferentes formas de conceber o raciocínio. E continuei a pensar sobre o meu pensar.

Via de regra, meus pensamentos começam por um todo, cheio de *insights* e analogias, até calibrar o foco para as partes que integram este todo. Vejo que meu pensar racional dialoga com meu universo simbólico, subjetivo. Edgard Morin, a respeito da complexidade do pensamento, nos fala sobre a importância da dialógica do pensamento racional empírico com o pensamento simbólico-metafórico-mítico. Segundo o autor, esse é um resgate urgente da civilização do Ocidente que ainda teima em fragmentar conhecimentos, pulverizar paradoxos e cindir o todo.

Sigo a caminhada e logo vem a canção "Metáfora", de Gilberto Gil: "Por isso não se meta a exigir do poeta, que determine o conteúdo em sua lata, pois ao poeta cabe fazer com que na lata venha a caber o incabível".

Gosto de metáforas, pois me fazem pensar para além do formal! Não tive dúvidas de que estava às voltas com meus próprios processos do aprender. Minha metacognição. Mas o que vem a ser isso?

Na perspectiva metacognitiva, "[...] *quando temos consciência do que sabemos, pensamos e sentimos, tornamo-nos virtualmente aptos a exercer controle sobre a nossa experiência*". (PORTILHO, 2006, p.48).

A metacognição pressupõe o sujeito que se apropria de seus próprios recursos, de seu próprio estilo na relação com o aprender. Desta forma, desenvolve autoconhecimento e torna-se apto a se ver, se rever e a desenvolver uma relação saudável com a aprendizagem. O indivíduo pode, neste sentido, reunir recursos para se desprender de padrões estabelecidos. Assim, torna-se prazeroso conhecer a si mesmo, a valorizar o outro, e a buscar o conhecimento objetivo de forma significativa.

Esse é um exercício que requer coragem, pois entramos em contato com nossas potencialidades e com nossos limites. Mas é um exercício riquíssimo, posto que inclui "[...] *desenvolver e ampliar nossa capacidade de planejar e regular o emprego eficaz de nossos próprios recursos cognitivos*" (PORTILHO, 2006, p.48). E como essa condição é importante para o aprender! Assim, as relações interpessoais saudáveis tornam-se fundamentais nesse processo, pois pressupõem a validação do outro em suas singularidades, em seu estilo no contato com a realidade objetiva.

Em minha experiência profissional como -Psicopedagoga e Orientadora educacional, deparei-me com várias crianças com uma autoimagem comprometida, sentindo-se incapazes para o aprender; algumas se achavam burras, outras desorganizadas, atrapalhadas, desatentas e muitas se sentiam incompetentes. Em vários desses casos, elas simplesmente não acreditavam serem capazes de aprender os conteúdos escolares: era visível que sofriam de um mito pessoal distorcido, alimentado por relações de desconfiança e de desencorajamento, as quais eram pautadas em valores tidos como padrão, que terminavam por comprometer seus processos de autoconhecimento e de aprendizagem.

Também conheci pessoas com um repertório de conhecimento objetivo bastante amplo que, no entanto, tinham enorme dificuldade em falar sobre si mesmas. Eram capazes de discorrer longamente sobre animais vertebrados, mas sentiam-se incapazes de enunciar seus próprios gostos e desejos pessoais. Lembro-me de um jovem que congelou diante de perguntas simples que lhe foram colocadas num teste para uma vaga de estagiário em uma empresa. Ele simplesmente sentiu-se angustiado por não saber responder a questões como: o que você mais gosta de fazer? Entre as realizações alcançadas em sua trajetória de vida, quais lhe dão mais orgulho? Isso nos faz pensar que provavelmente a educação recebida por esse indivíduo desconsiderou seu universo subjetivo e seu estilo, estimulando-o, por outro lado, a seguir padrões educacionais rígidos, com ênfase apenas no objeto do conhecimento.

Há também casos de crianças e jovens que apesar de criativos, não desenvolvem recursos suficientes para lidar com desafios estruturantes da realidade objetiva, pois não sabem lidar com frustrações, obstáculos que se apresentam pelo caminho, manifestando grande desconforto e insegurança em situações dessa natureza. Todos esses exemplos nos fazem pensar sobre a importância da educação na formação integral dos indivíduos e do quanto esta deve buscar recursos adequados para auxiliar significativamente o indivíduo em sua formação.

De fato, é preciso reconhecer que pessoas possuem peculiaridades, lidam de formas diferentes com a aprendizagem e estabelecem maneiras próprias de contatar a realidade. Isso não significa deixar de levar em consideração que existem casos que caracterizam distúrbios de aprendizagem e que requerem, por isso, intervenções específicas. Porém, saber que os indivíduos possuem, por exemplo, diferentes formas de se organizar, memorizar, ou que podem ter diferentes atitudes na forma como fazem contato com o mundo, é de extrema importância para que o sujeito siga em processo de construção de sua identidade. Isso é muito importante para a ampliação de suas potencialidades e capacidades. Nessas condições, poderá reunir recursos necessários para estabelecer um contato saudável e autônomo com a aprendizagem e com o mundo.

É possível vermos pessoas talentosas imprimindo sua marca, sua "personalidade", naquilo que realizam. Tomemos um exemplo bem simples: dois tipos de cantores, sendo um mais intimista, outro mais exuberante; em ambos os casos é possível constatar a presença de diferentes estilos, que foram preservados em suas trajetórias.

O fato é que em qualquer processo de aprendizagem, institucional ou não, é fundamental que o indivíduo seja respeitado e se aproprie de suas características mais singulares, para que possa estabelecer uma relação saudável, prazerosa e ampla com o aprender.

Vários são os elementos que interferem na aprendizagem e muitos estudos, das mais diversas áreas, podem colaborar, de forma significativa, com a prática do profissional da educação e de todos os que se interessam pela educação formal e não formal. Precisamos, entretanto, pensar sobre a vida cotidiana do educando, analisando-a pelo prisma de múltiplos fatores que a constituem.

Sabe-se, por exemplo, que algumas instituições escolares já se preocupam em oferecer modelos aos seus "aprendizes", referenciais que os ajudem a se organizar, a memorizar, a estudar e a desenvolver habilidades e competências do pensamento lógico. É uma preocupação legítima. Até mesmo as famosas "dicas" de como estudar podem ter lá sua validade. Mas se desconhecemos – entre outros também importantes fatores que envolvem o aprender – que há diferentes estilos cognitivos, diferentes inteligências, partimos sempre do pressuposto de que há algo errado com o indivíduo que, eventualmente, possa apresentar qualquer dificuldade no tocante à aprendizagem.

Ao ignorarmos a multiplicidade de fatores que envolvem o processo de aprender, podemos abortar a possibilidade de o sujeito desenvolver o desejo pelo aprendizado, ampliar seu potencial, legitimar seu estilo, ou, até mesmo, se valer dos modelos e referenciais ofertados. Assim, ajudamos a cristalizar nele o sentimento de inadequação.

Se ficarmos atentos aos nossos contatos, há pessoas que se organizam de forma linear, outras que se orientam ou se organizam na "bagunça", por mais estranho que isso possa soar para alguns. Eventualmente, algumas pessoas, a despeito da ignorância de muitos, superam os preconceitos e equívocos e encontram sua própria forma de lidar com a ordem das coisas. Mas é imensa a quantidade de crianças, jovens e até mesmo adultos que nem tentam, e comprometem a sua relação com a aprendizagem por, simplesmente, acreditar que não são capazes.

Penso que a metacognição é válida em tantos aspectos justamente por pressupor autoconhecimento, autovalidação, e muita reflexão, importantes aspectos para estabelecer o contato com uma aprendizagem significativa.

A ideia de autoconhecimento não é nova. Sócrates, por meio de seu aforismo "conhece-te a ti mesmo", influencia até os dias de hoje o pensamento filosófico do Ocidente. O biólogo Maturana fala do conceito de autopoieses, termo usado para designar a capacidade que os seres vivos possuem de se autoproduzirem. Já Focault nos convida a pensar sobre as instituições e a força da visão positivista ainda presentes nelas: Cadê o sujeito?

A caminhada me fez lembrar o poema "Caminante", de Antonio Machado, e imediatamente pensei: "O pensador não tem caminho, faz seu caminho ao caminhar." Bem, essa frase me deu ânimo para prosseguir em minhas reflexões e me conectou também a uma velha canção, de Milton Nascimento, "Caçador de Mim": "Por tanto amor, por tanta emoção, a vida me fez assim, manso ou atroz, doce ou feroz, eu, caçador de mim.

Que canção espetacular, pois fala da busca interna por se conhecer, se ver, se rever. Trata de coragem, resiliência, apaixonar-se por si: olhar-se internamente, estruturar-se para encarar os medos, os limites, para romper barreiras, ampliar o universo interno compartilhando-o com o externo, com o outro. Afinal, não é o outro que nos dá referências e estímulos para nossa caminhada? Então, boas relações humanas nos fortalecem, e nos animam a prosseguir e a encarar as vicissitudes da realidade, que, por si só, são difíceis. Aliás, a própria condição humana é angustiante, e, ao mesmo tempo, estimulante. E prossegue a canção: *"Nada a temer, senão o correr da luta; nada a fazer, senão esquecer o medo [...]"*

Por isso tudo, chego à conclusão de que não foi por acaso que minha trajetória profissional tenha sido na área de educação, afinal, o ensino deve estimular a pessoa a parar para refletir sobre "sua maneira de ser, pensar, agir e interagir, assim como convidá-la conscientemente a mudar quando for necessário e melhorar sua aprendizagem" (PORTILHO, 2006, p.47).

De fato, poder ajudar e acompanhar o outro em seu processo de desenvolvimento é a melhor e mais fascinante forma de também se desenvolver e se aprimorar como pessoa e profissional.

Outros aspectos importantes a influenciar na educação se somam aos meus questionamentos, como, por exemplo, o patriarcado opressor, que "[...] *durante muito tempo esteve presente em nossa cultura, e que junto com os desafios e rigores "levou de muitos de nós tripas e intestinos [...]"* (MORIN, 2002) deixando, por vezes, marcas. Da mesma forma, é preocupante a postura do matriarcado simbiótico e superprotetor, que tutela o indivíduo, desencorajando-o de alçar seu próprio voo.

Estes devem agora ceder espaço para uma nova realidade. Entra em cena o **arquétipo da alteridade**, de Byington, que nos remete ao diálogo entre o paterno, rigoroso, sim, porém, criativo; e o materno, acolhedor.

Encerrei a caminhada e as reflexões imaginando que a leitura do contexto da realidade dos nossos educandos e de todos os envolvidos nela, me inspira a escrever e refletir sobre um estimulante tema: a educação.

Senti que pude me ouvir internamente, e que esse exercício me fortaleceu como profissional que deve buscar uma escuta interior. Sem escuta não há reflexão, nem ação, nem metacognição. Tampouco há protagonismo e aí, o máximo que conseguimos exercer é uma educação prescritiva, que distancia o indivíduo de seus próprios recursos que o levarão à aprendizagem significativa. Assim, ressalto a importância do acolhimento e encorajamento, fruto do diálogo entre as atitudes materna e paterna, que passam pela construção de uma nova realidade, muito diferente da que já vivemos em outros contextos, cuja base de sustentação deve ser as relações pautadas na CONFIANÇA.

É, vivemos um aparente caos, mas um excelente momento para construirmos uma nova realidade. Esta deve abortar a postura individualista, capaz de inflar o olhar voltado apenas para interesses superficiais, bem como a postura rígida, que desconsidera o indivíduo em sua essência.

Nossa realidade carece do olhar e da validação para o ser humano consciente de sua importância para a construção de uma realidade que valorize cada indivíduo em suas singularidades e preze a causa coletiva. Sem dúvida, nunca se precisou tanto de indivíduos comprometidos com a preservação da espécie, da natureza, pessoas com o olhar voltado para uma consciência planetária, sem abrir mão do olhar para as individualidades, onde cada parte torna-se um elemento essencial para a constituição do todo.

Assim, para além daquilo que nossos cinco sentidos são capazes de apreender, o vir a ser é a grande esperança da humanidade. E uma das poucas certezas – "[...] *o dom de ser capaz, de ser feliz que cada um carrega em si*" (Renato Teixeira 1990), – é que, nessa era das incertezas "vamos precisar de todo mundo!!"

Capítulo I

Ser criança

*Na roda do mundo, mãos dadas aos homens,
lá vai o menino rodando e cantando /
Cantigas que façam o mundo mais manso,
cantigas que façam a vida mais doce,
cantigas que façam o homem mais criança.*

(Cantiga quase de roda, Thiago de Melo)

Dia desses, ouvi de um pai a seguinte frase: "*Essas crianças de hoje parecem que já vêm com chip!*". Orgulhoso, mas ao mesmo tempo indignado com a filha de 11 meses, esse papai de primeira viagem contou-nos que ela disse "não queo", em recusa à mamadeira que lhe foi oferecida!

Afinal, o que há hoje em dia com esses nossos pequenos? Algumas pessoas mais conservadoras defendem a ideia de que as crianças estão perdendo sua essência, queimando etapas. Não faz muito tempo que os bebezinhos, ao nascerem, eram envoltos em faixas que impediam seus movimentos e colocados em ambientes mais amenos para ficarem mais tranquilos. É!... Os tempos são outros! E como são! Das inovações tecnológicas aos valores ventilados pela mídia, nossas crianças continuam sendo bombardeadas por uma explosão de estímulos externos, que, muitas vezes, provocam reações precoces, com atitudes que, pelo olhar dos adultos, parecem fugir dos parâmetros da normalidade estabelecidos.

 É fato que precisamos aceitar as transformações humanas, os novos tempos e as mudanças que tanto influenciam na formação do sujeito. É preciso, no entanto, estarmos atentos às situações que têm sido impeditivas para o desenvolvimento mais integrado, com melhores condições de aprendizagem, de nossas crianças. Nota-se que a atitude de perseverança, a resiliência e o olhar profundo para si mesmas e para o outro estão comprometidos na formação das pessoas desta geração que aí está. Então fica a pergunta: o que fazer?

 Na verdade, não há respostas e nem fórmulas prontas. Busquemos, então, os recursos de análise ao nosso alcance. É preciso entender que, primeiramente, a sociedade mudou. Nesse aspecto, verifica-se que nossa cultura tem se renovado, e que seu desenvolvimento tem se dado em um ritmo nunca visto.

 Diante de tantas mudanças, as crianças, fruto desse meio, têm sido acionadas como nunca antes. "Os estímulos são tamanhos que as crianças, daqui a pouco, nascerão andando", disse outro dia uma experiente educadora, com base em sua experiência com os bebês do berçário que ela coordena há 25 anos. Isso é fato e, definitivamente, não há espaço para discursos saudosistas. É preciso entender as transformações e colaborar para lidarmos com elas como educadores. Mas, afinal, será que nossas crianças em breve deixarão de ser crianças? São tantas as questões que envolvem o difícil processo de educar! Contudo, se para pais e educadores a questão é delicada, suscitando questionamentos e busca de planos de ação com base nas diversidades dos referenciais teóricos e pesquisas, quais serão os cuidados para o desenvolvimento mais integrado, com o ritmo e tempo saudáveis para o processo de desenvolvimento dos nossos pequenos heróis e heroínas?

Ser criança hoje é mesmo difícil! Podemos perceber uma gama enorme de crianças desorientadas e até angustiadas no seu processo existencial e de aprendizagem, em diferentes situações.

Se, de um lado, já apresentam precocidades e destrezas que nós adultos não possuímos, como demonstram com suas habilidades nos computadores, por exemplo, apresentam, no entanto, problemas do ponto de vista do equilíbrio emocional.

De fato, as crianças contemporâneas têm sido poupadas de uma série de vivências significativas, e isso, muitas vezes, as torna inaptas para a realização de atividades cotidianas, absolutamente necessárias. Observa-se que muitas destas crianças têm crescido inseguras, ansiosas e com dificuldades para lidar com frustrações, tomada de decisões e priorização de escolhas. Desta forma, vão se constituindo dependentes dos adultos.

Muitas não aprendem a conviver com o outro, por não terem sido oferecidas a elas condições de aprender com a riqueza da troca mútua. Estas crianças demonstram, em suas atitudes, tendências individualistas, e sofrem com isso, expressando seus sentimentos, pensamentos e ações como crianças que necessitam de cuidado e apoio. Desta forma, faz-se necessário cuidar bem de nossas crianças, com um olhar mais aprofundado sobre seu desenvolvimento, sua diversidade e condições de aprender, disponibilizando todos os recursos necessários para que se desenvolvam integralmente.

Devemos encorajá-las e acolhê-las em suas singularidades, estilos, jeito de ser com muito respeito e amorosidade.

Ao falar e pensar sobre a educação da criança, não podemos esquecer que os adultos, pais, educadores e cuidadores também trazem uma criança interior que precisa ser olhada e acolhida. Desta forma, torna-se possível o encontro com a criança exterior que está sob seus cuidados.

Assim a criança interior faz parte de nossa alma e possibilita o encontro construtivo com a criança externa que nos solicita apoio e orientação educacional para o desenvolvimento mais integral do seu psiquismo.

Seja para a criança interna ou externa, é essencial viver a experiência da infância no sentido mais pleno em que se articulam as frustrações e os prazeres nas relações com o outro, o meio e consigo próprio. São possibilidades de se vivenciar intensamente sonhos e fantasias.

As atividades lúdicas e simbólicas devem ser vivenciadas de forma significativa, carregadas de prazeres; porém, também é necessário que a criança possa buscar seus próprios recursos adaptativos, quando se depara com as frustrações do meio para aprender a lidar com o mundo objetivo em que ocorrem também desprazeres.

Se observarmos o contexto em que nossos pequenos estão imersos, podemos constatar certa desorientação de pais e educadores no trato com elas. É possível, inclusive, sentir que muitos adultos são tomados por uma indignação quanto aos mais inéditos comportamentos de nossos pequenos.

De fato, nossas crianças se beneficiam de muitos recursos que podem facilitar a construção de uma nova geração fervilhante em multiplicidade, e isso é extremamente rico. Mas isso não deve desviar nossa atenção dos efeitos colaterais de uma realidade que pode estar sendo permissiva, polarizando experiências prazerosas e, ao mesmo tempo, distanciando do necessário contato com as frustrações, e que, consequentemente, trará outros níveis de desconforto.

Temos então instalada uma situação em que nos deparamos com pais e adultos que se deslumbram com comportamentos inusitados; educadores que ficam perturbados com crianças que não mais se contentam em sentar e copiar os adultos; e muitas pessoas que, simplesmente, não sabem como lidar com os limites necessários para a construção de uma nova realidade.

É preciso entender que não temos respostas para todas as questões que se apresentam, mas, minimamente, podemos ter uma postura equilibrada que auxilie nossos meninos e meninas a se desenvolverem em plenitude.

Entendamos, pois, o seguinte: crianças querem criar, brincar e jogar videogame; querem manusear o computador e mostrar suas destrezas e habilidades, que muitos de nós, adultos, sequer sonhamos em ter.

Crianças querem falar de si e dos amigos, querem ser ouvidas. Querem ter o direito a sonhar, e, mais do que isso, de contar seus sonhos.

Crianças querem tornar o mundo mais doce! Mas também precisam constituir-se psíquica e cognitivamente para se adaptarem aos novos desafios do meio em relação às regras pertinentes e aos estímulos, dos agradáveis aos desagradáveis.

Nesse aspecto, é preciso acolhê-las com encorajamento e confiança na sua capacidade de se adaptar criativamente nas diferentes situações do aprender. Então, saibamos que muito podemos fazer por nossas crianças. Mas é preciso ter consciência de que se realmente queremos ajudá-las a serem felizes, preservando sua real condição de crianças. É preciso ajudá-las a alimentar seus sonhos, a legitimar suas competências, sem perdermos de vista, porém, que nós, adultos, somos referência indispensável para o seu desenvolvimento.

Crianças precisam de braços que as acolham, de mãos que as aplaudam, mas que também as direcionem para uma meta. Crianças precisam de figuras que lhes sirvam de referências, se preciso for, que as repreendam, sem deixar de lado a confiança e o encorajamento. Crianças precisam se sentir respeitadas pelas suas condições de dependência e independência infantil, em que suas necessidades de afeto se complementam com suas capacidades e habilidades de qualquer ordem.

Saibamos, pois, que o arquétipo infantil existe, sobrevive e sobreviverá a todos os ataques do meio e das culturas, que tendem a massificar, impor padrões de comportamento, erotizar e transformar nossos pequenos em adultos em miniatura.

As crianças podem, sim, apresentar suas singularidades próprias em diferentes culturas e momentos históricos. Mas há algo de essencial que se mantém e que deve ser considerado pelos educadores, escolas, família e outras instituições: a condição de ser criança.

Nesse aspecto, respeitá-las, legitimá-las, não significa delegar a elas poderes que sua estrutura emocional não comporta.

Há muitos tiranozinhos sendo hoje criados por pais que simplesmente dizem "mas eu não posso com ele". Essa é a frase que nenhuma criança deve gostar de ouvir.

Crianças precisam de adultos que digam a elas "filho, eu te respeito, mas a autoridade aqui sou eu!". E para ser autoridade, é preciso tão pouco! Basta olhá-la pelo prisma da mais linda condição humana de ser criança.

Capítulo II

Sobre as partes, o todo e o embuste da pseudocordialidade

"Vamos precisar de todo mundo /
Um mais um é sempre mais que dois"

(Beto Guedes, 1998)

Há algum tempo venho me dedicando a atividades educativas, na busca de entendimento e de recursos que me possibilitem colaborar com as pessoas em sua relação com a aprendizagem. Sempre acreditei, desde muito cedo, intuitivamente até, na necessidade de se criar condições para que o indivíduo desenvolva suas reais potencialidades, atingindo o estatuto de protagonista de sua história.

De fato, nada me encanta mais do que pensar o homem em sua multiplicidade; de inteligências, possibilidades, criatividades, estilos, capacidades. Nada mais mortífero para um indivíduo do que ele não conseguir desenvolver e aplicar seus reais talentos!

O universo simbólico, a individualidade legitimada a dialogar com os elementos da realidade objetiva são fatores importantes para o sujeito construir respeito por si e pelo outro, colaborando com a construção de um coletivo harmônico e inclusivo. Um todo verdadeiramente inclusivo.

Quando criança, em pleno exercício de meu pensamento mágico, tinha o hábito de contemplar o céu; nomeava as estrelas fazendo delas protagonistas de uma história composta por diferentes personagens, os mais curiosos possíveis.

Algumas transcendiam e transformavam-se em cometas brilhantes, outras viviam escondidas atrás de nuvens. Todas tinham a capacidade de sorrir, chorar, brilhar! Tinham vida.

Ao fazer uma analogia com o céu cheio de estrelas, é possível perceber que nossa realidade é constituída por milhares de talentos com brilho próprio, muitos deles ainda numa situação de ostracismo.

Incrível, mas as recentes descobertas científicas nos colocam diante da certeza de estarmos conectados ao universo muito mais do que imaginávamos. Podemos falar, sem nenhum preconceito, sobre nossa ligação com o cosmos.

Propriedades até então consideradas peculiares à espécie humana reverberam por todo o universo, formando fontes inesgotáveis de vida. Carbono, ferro e um arsenal de elementos nos dão o aviso: somos feitos da mesma matéria das estrelas, dos asteroides, das infinitas galáxias! É uma constatação que requer muita humildade para reconhecermos que não somos o centro, e sim uma pequena e importante parte de tudo isso!

Dessa imensa rede que parece ter sido tecida pelas mãos divinas, e que depende mais do que nunca de nossas próprias mãos, somos capazes de conceber um sentimento de pertencimento a um todo muito maior, harmônico, dinâmico e surpreendentemente nada óbvio.

As partes se transmutam, se renovam e se transformam, dando origem a um novo todo em constante transformação. Nossa realidade, assim, parece ser uma amostragem do que vai pelo universo. Isso me faz pensar na visão holográfica de Edgard Morin (*O método*), que diz que o todo está contido nas partes, e as partes no todo. Todas essas descobertas me fascinam.

Em nossa cultura, muitas de nossas estrelas ainda estão por descobrir seu brilho próprio, sem precisarem se anular ou transformarem-se em genéricos humanos, que procuram imitar o brilho de estrelas que, por circunstâncias favoráveis, tiveram e têm a possibilidade de brilhar. Saber de seu próprio brilho é fundamental para o indivíduo consciente de sua força na composição de uma constelação.

Muito se fala hoje em inclusão; dos deficientes, dos menos afortunados, dos carentes, dos diferentes. No entanto, poucas são as eficazes iniciativas que promovem, de fato, a transformação do sujeito, que validem seus reais talentos para individuar-se, tornar-se único. Esses impedimentos ocorrem pelo fato de que muitas dessas ações são destituídas de uma visão mais global da condição humana.

Em muitos dos casos, o diferente é visto como esquisito, estranho, aquele que eu tenho que "tolerar". Tolerar não traz o olhar de admiração e respeito às diferenças que cada indivíduo manifesta em suas singularidades, estilos, jeitos de ser. Quando tolero posso fazê-lo por obrigação, na tentativa de corresponder aos discursos em voga nos dias de hoje, que são carregados de pseudogenerosidades.

Para acolher diferenças é preciso se interessar pelo outro por meio do olhar e da escuta profunda. Assim, se faz necessário observar que no discurso da tolerância pode estar implícito um atalho, um caminho fácil para a constituição de relações humanas que se dão pela superficialidade, pelo esvaziamento do olhar profundo de consideração e admiração pelo outro. Desta forma, os indivíduos, presos a padrões preestabelecidos, se desviam de trilhas que podem levar a uma realidade inclusiva.

A realidade da inclusão implica em considerar que o "diferente de mim" é admirado exatamente por suas singularidades, suas diferenças, que, muitas vezes, fogem dos padrões culturalmente estabelecidos.

Virtudes, defeitos, comportamentos diversos fazem parte do universo do homem e por isso desconsiderar tais peculiaridades próprias do indivíduo é uma fórmula eficaz para nos colocarmos como "superiores" aos demais, diferentes de nós, ou daquilo que nominamos como ideal. Vivemos numa realidade muito rica em possibilidades, que superou muitos entraves, mas que pode ganhar contornos perversos ao esvaziar a importância do respeito e acolhimento ao outro em suas singularidades, e inibir o exercício do autoconhecimento, que todo indivíduo deve desenvolver. Devemos nos ater aos elementos que podem colaborar para o fortalecimento deste contexto.

Vários dos argumentos presentes em nossa cultura, que se apresentam como opção para a promoção da inclusão, podem alimentar as dominações de uns sobre outros, pois vêm imbuídos do olhar que foca os escolhidos, os especiais. Assim, embates entre gêneros, estilos, e até lutas de classe, ainda presentes em nossa realidade, podem perpetuar a visão da vítima e do algoz, na qual alguém precisa ser aniquilado para o outro poder vencer. É a demonstração da força da visão que cinde, fragmenta, divide em partes injustas nossa realidade.

De fato, se faz necessário uma revolução de atitudes que des-hierarquize as relações.

A história da humanidade já nos subsidiou com muitos elementos para compreendermos o erro do olhar que se dirige apenas para uma parte, pois perdemos o todo. É como se, ao apontarmos para a Lua, olhássemos o próprio dedo, perdendo a possibilidade de contemplar a totalidade.

Não se trata também de negarmos as importantes conquistas alcançadas pela humanidade. Algumas vozes se levantaram e muitas ainda se levantam em prol de causas justas! Espaços foram conseguidos! É importante prosseguirmos em busca de transformações significativas.

Acredito que estejamos vivendo numa realidade aparentemente caótica, mas muito rica em possibilidades.

Da necessária revolução de mentalidades a melhores ações políticas capazes de criar condições materiais à população, faz-se necessário buscar condições para que o indivíduo possa se desenvolver integralmente, apropriando-se de recursos próprios.

É preciso canalizar de forma positiva as vitórias historicamente conseguidas e que carecem de muito investimento, perseverança, cuidados: liberdade de expressão, espaço para a manifestação das diferenças, individualidade, democracia, para que não se percam pelo caminho. De fato, há um enorme potencial humano latente, clamando por melhorias das condições humanas, que, muitas vezes, não encontra possibilidade de expansão em uma cultura que pode pender para o individualismo e para o desenvolvimento de posturas utilitaristas.

Há sim uma tendência de os sujeitos buscarem respostas imediatas e superficiais para as questões humanas. Se não prestarmos atenção aos elementos que engrossam o caldo de nossa cultura; se não revirmos a qualidade das relações que se estabelecem; se não refinarmos a visão crítica em relação ao consumo desenfreado que se apresenta como solução eficaz para os problemas do sujeito; se não desenvolvermos olhar crítico para as diferentes mídias, para que essas possam exercer seu papel criativo de forma transformadora e, principalmente, se não possibilitarmos a reinvenção das ações educativas que sejam criativas e não controladoras, invasivas, corremos o risco do desperdício das vitórias conseguidas. As ações educativas devem considerar todos os elementos que constituem a cultura, e o olhar para o sujeito e suas possibilidades de transformação deve ser prioridade na educação que se pretenda inovadora.

As instituições precisam apropriar-se de sua força transformadora, ao invés de reproduzirem padrões já cristalizados no seio de nossa cultura. Talvez a instituição escolar não tenha se dado conta da força que possui, e, ao e cair numa postura defensiva, reproduzindo discursos que afirmam que a escola é refém da realidade externa, fecha-se para o real diálogo com a sociedade, fator indispensável para a superação de obstáculos. Assim, a instituição escolar pode alavancar ações significativas ao proporcionar ricas vivências que favoreçam a construção de relações pautadas no confiar. É preciso, pois, que esta valide múltiplas inteligências, reconheça o universo simbólico e o potencial criativo dos indivíduos, traga importantes vivências e desafios, sem abrir mão de exigências necessárias para o desenvolvimento integral de todas as pessoas.

Buscar alternativas requer, entretanto, o uso do potencial criativo com o qual a escola historicamente não está familiarizada, exatamente por preocupar-se excessivamente com o desenvolvimento das habilidades do pensamento lógico e por debruçar-se, de forma exagerada, em conteúdos que, via de regra, são prescritos de formas nada inovadoras. As escolas também têm se preocupado em contribuir com o aspecto formativo do indivíduo, mas em geral patinam em ações paliativas, as quais se valem de discursos politicamente corretos sobre o que é bom e o que é ruim para seus educandos. Assim, muitas vezes não conseguem superar uma realidade permeada por controles e patrulhamento dos comportamentos de suas crianças e jovens.

Algumas propostas educacionais, entretanto, na tentativa de inovar, trazem elementos do sujeito para o processo de construção da aprendizagem. Porém, várias se perdem pelo caminho, ao banalizar a importância de fatores estruturantes, objetivos, que também são imprescindíveis na relação do sujeito com o objeto do conhecimento.". É possível encontrarmos indivíduos educados com metodologias lúdicas, e que puderam desenvolver várias habilidades ,bem como a capacidade criativa, mas com enorme dificuldade para lidar com obstáculos mais estruturantes, mais duros da realidade objetiva. Assim várias escolas continuam, em essência, a reproduzir uma padronização de valores referentes ao aprender, ao alimentarem uma postura rígida, que não promove o diálogo entre os elementos subjetivos e objetivos da educação,e continuam a cultuar a visão do que consideram como um "bom aluno".

Em alguns casos, em vez de buscarem novas formas que tragam desafios novos para que o sujeito desbrave o conhecimento objetivo de forma interessante, optam por algumas "facilitações" que subestimam as capacidades daqueles considerados por elas "menos" aptos intelectualmente, segundo os padrões vigentes. Esta postura traz enormes déficits no que tange à qualidade da aprendizagem.

Muitos enganos são cometidos em nome de práticas que pendem para certa condescendência com os "menos afortunados", de acordo com determinados padrões.

Podemos dizer que, no geral, a escola pouco disponibiliza a possibilidade de autonomia para o indivíduo se apropriar de suas capacidades, estilos e formas de lidar com a realidade objetiva, e isso compromete a qualidade da aprendizagem.

Nas escolas de viés tradicional, vemos se repetir o estilo prescritivo de "passar" os conhecimentos, que deveriam ser explorados pelos sujeitos por meio da apropriação de seus próprios recursos. Alguns elementos, que pretendem trabalhar a subjetividade do indivíduo, colaboram para reforçar atitudes de individualismo, de uma visão utilitarista e funcionalista do mundo, do culto ao ego.

Vivemos uma realidade que precisa olhar para o indivíduo e suas especificidades, porém, a partir da perspectiva do olhar para as diferentes capacidades e multiplicidade de estilos. O grande desafio consiste em não desvirtuar as conquistas relativas às genuínas expressões individuais, pois isso pode comprometer o desenvolvimento integral do indivíduo, as relações interpessoais e a construção de relações de confiança. A situação de bullying vivida nas escolas é exemplar da péssima qualidade em que se pautam as relações interpessoais em nossa sociedade. Esta merece uma leitura profunda acerca das questões que envolvem as relações contaminadas pela falta de confiança, respeito e consideração pelas diferenças. Podemos constatar, tanto nas escolas quanto nas instituições em geral, atitudes que envolvem assédio moral, ridicularização do outro, desrespeito.

A postura educativa sustentada por discursos de inclusão, tão exaltada em nossa sociedade para dar leveza às relações interpessoais, na qual o indivíduo é dotado da capacidade de "rir" de forma saudável da própria condição humana, ganhou contornos caricaturais perversos e contaminou as relações de atitudes desrespeitosas, onde o "achincalhar" o outro virou rotina. No ambiente escolar o indivíduo que ridiculariza o outro pode ganhar status inclusive de "popular". Nesta postura pode estar implícita, entre tantos outros fatores, a ideia de que, com base em uma pseudoliberdade, expressar descaso ao outro pode elevar o sujeito à categoria de ser melhor que seu semelhante.

Nesta realidade, o indivíduo que tem por hábito se desfazer do outro, muitas vezes, ganha a anuência de colegas, alimentando em cadeia relações contaminadas pela cultura do subjugo.

Muitos se calam por temerem que sejam alvo das ridicularizações que rapidamente se disseminam em rede; assim, passam a se submeter e a retroalimentar uma rede de violências que compromete a construção de relações saudáveis. Desta forma, é necessário olhar com propriedade para projetos que se propõem a cuidar desta questão; estes precisam ser constituídos do olhar para o todo, para as condições em que o sujeito se encontra em um contexto sociocultural individualista, que pouco valida os sujeitos, mas que, paradoxalmente, possui ricos elementos para a construção de relações saudáveis.

É fato que já podemos constatar algumas iniciativas que colaboram com a inclusão dos indivíduos na busca da quebra por padrões estabelecidos. Podemos ver a mobilização de empresas privadas, organizações não governamentais e também constatarmos a presença de vários projetos que enfatizam as melhorias das condições humanas, auxiliando o indivíduo a estabelecer uma relação saudável com o outro, com os seres vivos, e com a natureza.

Podemos também constatar algumas ações que procuram, por meio da valorização e do aproveitamento de diferentes competências e inteligências, de diferentes partes, compor um todo harmônico e mais produtivo.

Hoje em dia é possível encontrar no léxico de alguns empresários o conceito de gestão de pessoas. O intuito é capitalizar o máximo das produções, levando em conta diferentes características, e habilidades específicas das pessoas. Essa iniciativa pode ser considerada legítima e, de certa forma, acolhedora, desde que o foco não vise apenas a captação de lucros.

Se a mentalidade vigente caminhar para a construção da satisfação pessoal do indivíduo e para a qualidade nas relações interpessoais, há uma boa chance de se chegar à construção de relações pautadas pela confiança mútua que inviabilizam a postura do cada um por si, tão própria do individualismo presente em nossa sociedade.

Um todo harmônico não significa pulverizar conflitos; sequer relaxar exigências necessárias à realização de tarefas complexas; tampouco exterminar a figura de líderes, pois estes também constituem o todo. Bons líderes reconhecem, validam e possibilitam a expansão de diferentes talentos.

Líderes verdadeiros auxiliam na administração de conflitos, procurando não potencializá-los. Porém, liderar não significa assumir a postura de minimizar situações críticas, jogando-as para debaixo "do tapete". Liderar é permitir que conflitos emerjam de forma positiva, de maneira a alcançar a transcendência de situações incômodas.

Recorro novamente à metáfora do céu: ao olharmos para ele, veremos uma aparente calmaria, mas, se calibrarmos as lentes dos mais poderosos telescópios, presenciaremos inúmeros conflitos, choques, explosões, e teremos a chance de constatar que o céu está em constante estado de ebulição, mas que é capaz de transformações incríveis.

Assim, reconhecer que conflitos fazem parte da existência humana e que é preciso lidar com eles de forma construtiva é importante condição para o crescimento e aprimoramento do sujeito que pretenda ser autor da sua história.

Perceber o sujeito e vislumbrar uma educação que permita seu desenvolvimento integral, tal qual se discursa nos âmbitos educacionais, é de extrema importância. Para tanto, se faz necessário o respeito à subjetividade, a validação de diferentes estilos, com acolhimento e encorajamento, sem banalizar exigências que passam pelo crivo do rigor e não pela rigidez que não se permite flexível.

A subjetividade faz do indivíduo um ser único, mas também com sentimento de pertencimento ao todo, à coletividade.

O universo interno do indivíduo é composto por recursos criativos, sonhos, imagens arquetípicas, símbolos, sentimentos diversos, que advêm da história pessoal de cada um e de valores compartilhados pela humanidade.

É preciso reconhecer que o ser humano possui uma riqueza interna imensa, e estes recursos, canalizados de forma positiva para o diálogo com a realidade objetiva, podem ajudar o indivíduo a constituir-se de forma saudável e equilibrada. Desta forma, torna-se mais fácil para o indivíduo desenvolver uma visão crítica que o prepare para ser no mundo, quebrando inclusive padrões estabelecidos, em busca de soluções criativas para a reconstrução da realidade em que está inserido.

Não há como negar a importância da educação escolar, que deve visar a formação integral de seus educandos, levando em consideração elementos criativos e subjetivos em diálogo com o conhecimento objetivo. Nos capítulos sobre a escola e a educação, falarei sobre a importância da pedagogia simbólica na formação dos indivíduos.

Assim, é preciso reconhecer a complexidade humana, que se traduz, inclusive, por sentimentos diversos. Para além dos nobres sentimentos, tais como amor, solidariedade, justiça, também habitam, em cada um de nós, sentimentos paradoxais que trazem à tona a inveja, a raiva e o ciúme.

Negar esses sentimentos é colocar-se à margem do processo de individuar-se.

Não se trata de incentivar e valorizar sentimentos de agressividade e violência com seu enorme potencial destruidor. Entretanto, é importante permitir ao indivíduo reconhecer o que vai dentro de si, de forma que ele seja capaz de dialogar com seus sentimentos e busque superá-los ou então canalizá-los para coisas positivas, na busca pela sua dignidade.

Muitas pessoas bem-sucedidas conseguiram capitalizar a seu favor a agressividade, a ambição, a competitividade, colocando-as a serviço de seu crescimento pessoal.

É fato, entretanto, que essas atitudes, se destituídas do olhar de consideração e respeito para com o outro, podem ser desastrosas para a constituição de relações interpessoais saudáveis. Estes argumentos não pretendem apelar a uma visão psicologizante.

O intuito é chamar a atenção de educadores, pais e do próprio indivíduo para o fato de que o ser humano não deve ser visto na perspectiva de um comportamento padrão, pois isto só alimenta sentimentos de frustração, de incapacidade, e até de inveja aos padrões estabelecidos. O sujeito, muitas vezes, persegue padrões rígidos, inalcançáveis, e assim vai se distanciando cada vez mais da apropriação dos recursos de seus próprios talentos.

Precisamos prestar mais atenção aos discursos presentes em nossa cultura. Muitos deles mostram-se sedutores, elegantes e simpáticos ao indivíduo, mas podem aparentemente pulverizar conflitos e banir sentimentos considerados indesejáveis, mas que podem ser excelentes elementos para o indivíduo alcançar o autoconhecimento e alçar as transformações necessárias.

Há implícito nesses discursos, um imenso poder de disseminar visões padronizadas de comportamentos ideais.

No caso da escola, o discurso e a prática de adestrar sentimentos têm visivelmente o intuito de controlar a indisciplina e, assim, manter o status quo vigente, de relações verticalizadas de poder.

Algumas instituições têm buscado soluções criativas e inteligentes para a superação desta situação. Outras, entretanto, na busca por soluções plausíveis, ainda que bem-intencionadas, reproduzem os padrões vigentes.

É importante que todas as instituições estejam atentas aos discursos veiculados, devendo observar e atentar para o fato de que o indivíduo que possui características não validadas, pode se prender a padrões que em nada tem a ver com o seu jeito de ser.

Conheci uma criança classificada pela escola como "tímida", pois pouco falava durante as aulas, embora fosse um aprendiz razoável em termos de rendimento escolar. A professora, também presa a padrões da "atitude correta", resolveu incentivar a criança a falar em sala de aula. Então passou a chamá-lo em quase todas as aulas; orientou os coleguinhas a aplaudirem toda vez que o menino se pronunciasse, mesmo que em sua fala fosse pouco pertinente com os assuntos tratados.

Posteriormente, essa criança tornou-se alvo de achincalhes por parte dos colegas, ao se colocar inadequadamente em relação a vários assuntos que surgiam em aula. Desta forma, o menino em questão desenvolveu uma atitude afetada, na ânsia por aceitação e aplausos. A atitude de pseudoacolhimento da professora, mesmo que bem-intencionada, estava pautada em padrões estabelecidos.

Um educador pode, sim, observar numa atitude, por exemplo, excessivamente "tímida" por parte da criança, se há sofrimentos em seus comportamentos que requeiram intervenção, e isso deve ser feito com muita sutileza. Para tanto, pode o professor recorrer a profissionais da própria escola, como, por exemplo, o orientador educacional.

No entanto, é necessário entender que os indivíduos assumem diferentes atitudes e desenvolvem diversificadas formas de estabelecer contato com o mundo e com a aprendizagem.

Pelo acolhimento e respeito às diferenças é possível ao educador encorajar seus aprendizes a estabelecerem uma atitude saudável com a aprendizagem.

Há mesmo a presença em nossa realidade de discursos que pretendem padronizar comportamentos, categorizando os indivíduos. Não raro, ouvimos coisas do tipo; "fulano é do bem, cicrano é do mal".

Essa cindida visão está mais viva do que nunca em nossa cultura e traz implícita a ideia de padrões a seguir, pois a receita para "ser do bem" é prescrita de forma inconteste. Sem dúvida, mais do que nunca, precisamos da construção de uma realidade pautada por valores universais, que incluam solidariedade, ética, respeito, amorosidade.

Mas para que o indivíduo assim se constitua, faz-se necessário a disponibilização de recursos pertinentes para seu desenvolvimento saudável.

Ao não se permitir ao indivíduo o exercício de autoconhecimento e que tenha contato com seu universo simbólico e afetivo, ele fica à margem, sem condições de desenvolver importantes recursos que lhe possibilitem ser, conviver e aprender por seus próprios recursos. Aliás, esta é uma das "bandeiras" dos atuais paradigmas da educação a ser defendida por todos os educadores.

Algumas iniciativas, entretanto, ainda que bem-intencionadas, merecem ser vistas pelo prisma da profundidade de suas propostas.

Lembro-me de ter participado de um curso que, pretensamente, se propunha a municiar educadores para o trabalho lúdico com crianças. Havia a proposta de se trabalhar valores, conteúdos e também as atitudes da criança, na tentativa de contemplar tal discurso presente na educação.

Chamou-me muito a atenção uma vivência cuja proposta era a construção de uma realidade destituída de sentimentos considerados menos nobres. Dizia a instrutora: "agora vocês vão trancar esses sentimentos lá no fundo de sua memória, de maneira a nunca mais saírem de lá; de agora em diante vocês só dialogarão com sentimentos do bem". Em seguida, pediu para que simbolicamente jogássemos a chave fora.

O detalhe é que essa vivência era para ser reproduzida com crianças.

Essa dinâmica reforça a ideia de que alguns sentimentos devam ser ignorados pelo indivíduo. Tal postura pode ser impeditiva do diálogo com sentimentos que fazem parte do universo humano, e que podem ser entendidos e canalizados de forma positiva.

Se fizermos, por exemplo, referência ao sentimento da inveja em nossa cultura, veremos que este é extremamente condenável, sendo considerado como comprometedor das relações saudáveis. Byington em seu livro, "A inveja criativa" (2002) refere-se à inveja como "[...] *função normal e muito importante para o desenvolvimento da consciência do indivíduo e da cultura, e que se torna destrutiva somente quando desviada da sua função criativa*". O autor interpreta a inveja como contestadora e revolucionária e afirma que a desqualificamos porque tememos o potencial criativo do nosso instinto principal, que nos fascina e impulsiona em direção a Deus ou à Totalidade. (BYGHTON, 2002). Assim o autor reforça a ideia de que devemos dialogar com nossos sentimentos e colocá-los a serviço de nossa construção pessoal, em vez de subestimá-los ou ignorá-los.

Ao reconhecermos, por exemplo, que sentimos inveja, que isso é humano, poderemos buscar nossos próprios recursos, por meio de caminhos que nos valorizem e nos constituam como um indivíduo provido de talentos próprios em busca de validação e do reconhecimento.

O fato é que a visão implícita no referido curso, mesmo que bem-intencionada, vem carregada de representações que podem vir a alimentar o discurso presente nos dias de hoje, que classifica, padroniza e procura adestrar os indivíduos pelo prisma de padrões e atitudes consideradas como ideais.

Ao perseguir padrões, colaboramos para o fortalecimento de relações destituídas de profundidade. Assim atentemos para a presença de um discurso pretensamente alternativo, muito presente nos dias de hoje, que vem carregado de um enganoso acolhimento, que invade nossa cultura de pseudogentilezas, falsas aceitações das diferenças.

Isso não significa que não devamos dar ênfase a valores, tais como solidariedade, ética, compaixão, mas esses devem ser interiorizados por meio de vivências significativas, que pressupõem troca e crescimento mútuo. Entretanto, argumentos veiculados em vários projetos educacionais, que na maior parte das vezes ficam apenas na esfera dos discursos, podem revelar uma postura superficial, que dá ênfase à tolerância e não à real aceitação.

Mario Cortella afirma que "[...] *este mecanismo é uma nova roupagem pra um poder que se pretende perpétuo*" (Cortella, valores inadiáveis, pg 169).

A sedução que procura controlar o outro por meio de uma pseudogenerosidade, uma falsa escuta, que pulveriza sentimentos legítimos do outro.

Muitos argumentos em nossa cultura se intitulam como inovadores, no entanto, reproduzem uma realidade conservadora, rígida em padrões.

Podemos constatar a presença de profissionais que estão em postos de liderança, que assumem atitudes pseudoacolhedoras, e promovem a substituição da empatia por simpatia.

Ser simpático pode ser uma maneira cordial, delicada, de tratar o outro, mas pode estar a serviço de alimentar relações superficiais.

Empatia nos remete à capacidade de se colocar verdadeiramente no lugar do outro, com interesse profundo, reconhecendo e validando suas singularidades, suas diferenças.

Não se trata aqui de condenar a simpatia, que é uma qualidade respeitável desde que atrelada à generosidade e à humildade. A intenção é denunciar o seu mau uso, que, às vezes, pode estar a serviço da autopromoção de alguns e ser utilizada com o propósito de se ter o controle sobre o outro.

A simpatia pode estar presente, por exemplo, na atitude condescendente de um indivíduo para com o outro, e o "simpático" pode ganhar status de solidário, altruísta. Na verdade, a condescendência, que é diferente de compaixão (que significa a atitude generosa de real sensibilização com a dor do próximo), pode alimentar no outro o sentimento de incapacidade para enfrentar desafios, perpetuando, desta forma, uma relação de poder desequilibrada.

A postura de condescendência pode colaborar para a manutenção do papel do indivíduo dependente, incapaz, e alimentar a situação de baixa autoestima que colabora para a constituição da moratória em que nossos jovens estão imersos. Isto porque o condescendente, via de regra, tenta facilitar a vida do outro, quando não, muitas vezes, fazendo por ele, pelo simples fato de que julga o outro incapaz de enfrentar e resolver situações adversas. Faremos menção a essa questão em capítulo sobre o tema adolescência, hoje alvo de preocupações das mais diversas.

Ouvi certa vez de uma profissional da educação – cuja postura caracterizava-se por um pseudoacolhimento por meio de uma falsa escuta – o seguinte pensamento: os educadores têm a obrigação de ser o grilo falante de nossas crianças e jovens, para o bem deles.

Segundo esta profissional, todo educador deve assumir o papel de ser constantemente a voz da consciência dos aprendizes. Creio que essa postura, ainda que bem intencionada, vai alimentando uma rede de relações interpessoais verticalizadas, pautadas por controles com poder de aniquilar o valor do outro. É como se o educador tivesse a postura enganosa da pseudoescuta para poder ter o domínio do outro.

Costumo dizer que esses indivíduos adotam a postura do "fala que eu te escuto querido, mas não é nada disso"; nada do que você sente, pensa, sonha, intui, tem importância, pois a verdade está comigo.

Claro que não se trata de subestimarmos o adulto como autoridade, ou a importância da pedagogia imitativa, *"[...] muito presente na infância pela dificuldade de abstração do ego da criança, em razão da intensidade da relação simbiótica com os pais"* (BYINGTON, 2003, p.151).

A pedagogia imitativa, entretanto, deve caminhar simultaneamente à espontaneidade e as vivências devem seguir rumo à construção da autonomia do indivíduo.

O adulto, para tanto, deve ter a consciência de que é necessário validar a criança desde tenra idade em seus sonhos e em seu universo subjetivo, sem deixar de subsidiá-los com referenciais, valores e exemplos. No entanto, estes devem ser experimentados numa relação horizontalizada, de troca de experiências e vivências, onde todos cresçam.

Se não validamos o outro com real interesse, podemos estar a serviço de um fértil terreno propício a inseguranças, dependências, ansiedades, despreparo e relações comprometidas pela desconfiança. Desta forma, podemos alimentar o universo das aparências em que o indivíduo desenvolve papéis, máscaras sociais que não lhe permitem entrar em contato com seu próprio universo subjetivo.

O universo interno do indivíduo é múltiplo e amplo em possibilidades.

Pelo diálogo com sua subjetividade, que pode se dar desde muito cedo por meio de uma educação nutritiva, o sujeito é capaz de encontrar importantes subsídios que possibilitem reavaliar seu próprio papel no mundo.

Ricos recursos, como, por exemplo, a Arte, podem em muito, auxiliar na educação formal e informal dos indivíduos, pois auxiliam no desenvolvimento do potencial criativo e na possibilidade do contato com o universo simbólico do sujeito. Assim, o sujeito dialoga com seu universo interno, e, ao estabelecer contato com a realidade externa, poderá reavaliar padrões, quebrar preconceitos, canalizar sentimentos ditos menos nobres, como a inveja, por exemplo, em prol de aspectos positivos que podem favorecer seu desenvolvimento harmônico. Desta forma, se qualifica a se rever, a ver o outro pelo prisma da multiplicidade, a quebrar padrões estabelecidos e a reconstruir a realidade objetiva.

Acredito que por aí passa a possibilidade da verdadeira inclusão.

O olhar do indivíduo pode, desta forma, desprender-se de uma visão condicionada, parcial, que não consegue aceitar, de fato, as diferenças.

É sabido que em circunstâncias desfavoráveis podem crescer os germes que retroalimentam relações pautadas por posturas preconceituosas, e estas, muitas vezes, vêm disfarçadas pelo discurso da tolerância e da pseudocordialidade.

Na postura de pseudogenerosidade, cria-se um discurso rico em elogios que, muitas vezes, nada tem a ver com a essência do indivíduo. Neste contexto, as cobranças e exigências muitas vezes são grandes, mas os recursos disponibilizados ao indivíduo são precários. Assim, o discurso veiculado pode se mostrar tão pernicioso quanto o que vem carregado de críticas ostensivas, à medida que desencoraja o outro a alçar voos próprios, ao mesmo tempo em que tem o poder de estimular a exaltação dos egos e, com isso, alimentar a falsa impressão de que os elogiados são pessoas especiais.

É possível presenciar em nossa cultura indivíduos dotados de uma postura que não frustra o que precisa ser frustrado, mas frustra o que não deveria ser frustrado, ao lidar com ações educativas Presenciamos, assim, um cenário de certa condescendência com regras, limites, que procuram poupar nossas crianças, adolescentes e até mesmo adultos do contato com frustrações, tão necessárias à constituição da identidade do sujeito. Simultaneamente, podemos constatar posturas que frustram sonhos legítimos, que pertencem ao universo subjetivo do sujeito. Semeia-se assim o terreno para o individualismo, que se pauta por superficialidades e que pulveriza a construção de relações interpessoais profundas e saudáveis.

No caso dos adolescentes, esta fórmula é a mais eficaz para se alimentar a posição de moratória sociocultural a que estes estão atrelados. Explico: A superproteção dedicada aos jovens vem acompanhada de controles, mimos e críticas, ora veladas, ora ostensivas, e acabam por desencorajá-los no processo de apropriação de sua maturidade, frustrando, desta forma, o maior sonho que é ser reconhecido e validado no mundo dos adultos.

Impedir que o indivíduo desenvolva a capacidade de se autogerir, de gerir a sua própria consciência, é cultivar o terreno da exclusão. Faz-se, necessário, portanto, um olhar atento para a realidade que nos cerca.

A mira de todos os envolvidos na educação formal e não formal deve apontar para a importância de se criar condições para que o indivíduo possa se constituir como protagonista de sua própria história.

Não deve ser o papel do educador prescrever a consciência do outro, mas sim colaborar, mediar, ajudar o outro a buscar e a construir seus próprios recursos, sua autonomia. É no exercício da troca mútua que cada indivíduo terá a chance de refinar seus próprios processos internos que o conduzirão à sua própria individuação.

Esse exemplo ilustra bem a necessidade de termos profissionais, em todas as instâncias educativas, a serviço da formação integral do indivíduo por meio da validação de seu universo interno, rico em representações. Isso não significa que devamos abrir mão de regras, de disponibilizarmos referenciais e modelos. Porém, é preciso ter consciência de que não podemos nos colocar como os detentores do saber supremo, pois isso aborta a possibilidade de desenvolvimento do outro e do próprio aprimoramento de nós mesmos, além de colaborar para a manutenção da desprezível relação de poder que subjuga, subestima e desrespeita o universo do outro.

A realidade em que vivemos traz um enorme paradoxo, pois temos uma sociedade individualista, voltada para interesses próprios e superficiais dos sujeitos, mas que evolui à medida que coloca o sujeito em foco, e isso deve sim ser visto como um avanço. É uma realidade, entretanto, que carece enormemente do olhar interessado na reconstrução da realidade coletiva. Esta deve se dar em bases cooperativas, mas com a validação e valorização de cada indivíduo, que deve ser olhado em suas singularidades, na busca por sua individualidade.

Desta forma, se torna possível que cada parte, cada sujeito, desenvolva o olhar para a reconstrução do todo, consciente de que seu papel é fundamental para a preservação tanto da espécie quanto do planeta. Precisamos observar e valorizar essa geração que, aparentemente, possui atitudes desprovidas de responsabilidades para com o mundo objetivo, mas que possui um enorme potencial afetivo e criativo, capaz de transformações significativas.

Ao subestimarmos importantes características de nossas crianças e jovens, corremos o risco de virmos emergir uma geração de um pragmatismo sem precedentes, em busca de soluções imediatas para situações que requerem comprometimento, disposição, envolvimento com tarefas árduas, e muita postura ética e de respeito para com o outro.

Há quem defenda, inclusive nos meios educacionais, que a educação deve valer-se de uma dinâmica pragmática, facilitadora, que corresponda a essa demanda de nossas crianças e jovens, ávidas por respostas rápidas. Claro que se trata de um olhar equivocado, pois a ideia é ampliar o universo de nossos educandos, respeitando sim as inovações que se apresentam, incorporando-as, mas com valores sólidos, e cultivando o olhar para o vir a ser do sujeito, que se desprende de padrões rígidos, cultuados socialmente.

A boa notícia é que de fato há um enorme potencial afetivo latente em nossas crianças e jovens, e isso pude constatar ao longo de minha trajetória como educadora. Sujeitos ávidos por vivências ricas, constituídas de sentido e de capacidades transformadoras.

Toda a sociedade, e muito especialmente a instituição educacional, deve estar a serviço da promoção de uma nova realidade que reflita e valide as reais capacidades dos indivíduos. Assim, torna-se possível para o sujeito o desenvolvimento amplo, constituído de uma visão ecossistêmica, que respeita a preservação da natureza e das espécies, com ênfase no coletivo. Porém, torna-se mais difícil para o sujeito realizar o exercício de apropriação de seus próprios recursos se isso lhe for negado, não validado.

Passemos a observar, então, o que é do universo do indivíduo, seu estilo, seu jeito de lidar com o mundo, para não corrermos o risco de encaixar o sujeito em padrões tidos como ideais.

Desta forma, poderemos falar em protagonismo educacional que deve se estender para todos os participantes: – professores, pais, educandos – que devem ter espaço para a expressão de sua individualidade, subjetividade, para não se correr o risco de se eleger bodes expiatórios para justificar eventuais ações fracassadas. É preciso ter a visão do todo.

No caso da escola, uma visão ampla, crítica, compartilhada por todos, tem o poder de banir a postura que culpabiliza o professor, o educando ou os pais por eventuais fracassos em seus projetos. Seguramente não há uma parte culpada, mas há a corresponsabilidade das partes que compõem o todo. Todos os envolvidos devem ser vistos como protagonistas no processo educacional.

A palavra protagonismo é constituída por raízes gregas: *"proto"*, quer dizer o primeiro, o principal, e *"agonistes"*, que significa o lutar. Segundo o dicionário Aurélio: "[...] *pessoa que desempenha ou ocupa o primeiro lugar em um acontecimento"*.

O verdadeiro protagonismo deve ocorrer pela validação e pelo reconhecimento do sujeito sobre si mesmo e sobre o outro, e isto se dá por intermédio do exercício da empatia, que conduz à troca mútua e que se traduz pela construção de relações profundas pautadas pela confiança.

Então, alinhavemos as partes que compõem este todo com as linhas da empatia. Karl Rogers cunhou o termo empatia para falar da capacidade do indivíduo de se colocar no lugar do outro, respeitando-o, reconhecendo-o e sem os desejos de dominação e controle. Esta condição é essencial para a construção de relações pautadas no confiar, capazes de promover transformações significativas.

Assim, tecer esta rede com fios condutores da liberdade, da empatia, do respeito às individualidades, se faz imprescindível, e nos leva à certeza de que, realmente, vamos precisar de todo mundo!

Capítulo III

Construção de uma nova realidade pautada pelo acolhimento. Em foco a saga do adolescente

"Acolher não é suportar; é acima de tudo hospedar em mim, repartir e, portanto, ser capaz da convivência na qual se perseverem as diferenças, a individualidade, a liberdade e a dignidade recíprocas"

(Mário Sérgio Cortella).

As pessoas são mesmo marcantes. Afinal, quem não teve um professor, um líder, um amigo, um amor, uma figura que contribuiu significativamente para marcar sua vida? Marcas também muitas vezes podem se tornar indeléveis. Diz a canção de forma ironicamente brilhante: *"vida de gado, povo marcado, povo feliz"* (Zé Ramalho, 1988).

A marca positiva é capaz de deflagrar no sujeito o desejo da conquista de sua individualidade e de mobilizar recursos para se buscar a transcendência diante dos desafios e das dificuldades. É a marca feita por uma vivência rica em trocas significativas.

No mundo de hoje, caracterizado por um profundo individualismo, deixar a marca pessoal a qualquer preço tornou-se uma questão de honra. Isso tem ocorrido de forma perniciosa, na medida em que se ostenta um exibicionismo que capaz de manter o sujeito à margem de seus processos, dificultando a construção de sua real identidade. Nessa nova realidade aparece inclusive o famoso "quinze minutos de fama" que submete o sujeito a constrangimentos dos mais diversos, inclusive a exposição excessiva que o transforma em um genérico humano, em nome de aplausos superficiais.

O exibicionismo, capaz de deixar marcas negativas no sujeito, não é nada novo na história da humanidade. Tornou-se emblemático no sistema patriarcal opressor e caracterizou-se, principalmente, pela postura de arrogância. Em sua nova versão, apresenta-se travestido de um discurso carregado de pseudogenerosidade, tolerância, capaz de desarmar as mais legítimas tentativas do sujeito de se constituir como indivíduo.

A atitude educativa que busca adestrar o outro por meio de uma sedução controladora, é um entrave para o desenvolvimento pleno do sujeito, já que lança mão de falsos elogios, inócuos aplausos, ao mesmo tempo em que evoca discursos sobre solidariedade, ética, justiça. Desta forma, ao não enxergar o outro em suas singularidades, em nada se mostra ética, justa, solidária. Simplesmente, porque na ânsia de deixar suas próprias marcas, a atitude exibicionista não acolhe, suporta; não ouve com profundidade, pois sua intenção é apenas se fazer ouvir; não admira, mas quer ser admirado. E pelo fato de não ser empática não reparte, parte, e ao não demonstrar o real interesse pelo outro, o tolera.

Tolerar quer dizer aguentar, suportar, ser condescendente com o outro.

A respeito disso, Mário Cortella nos diz que "[...] *tal postura aproxima-se da arrogância, pois supõe uma liberalidade cuja fonte maior encontrar-se-ia no sujeito que cede face à estranheza do ser de outra pessoa*". Ao distanciar-se do real interesse pelo outro, tolerar não leva à inclusão e constitui-se como o mais novo caminho para se chegar ao individualismo, onde o sujeito não se reconhece verdadeiramente no outro.

Não há como negar que vivemos uma época de transformações significativas e profundas, mas é preciso prestar atenção aos elementos que podem interferir no curso natural das coisas. Assim, faz-se necessário agir em relação a fatores que podem ser impeditivos para o sujeito alcançar sua realização, que se dá pela individualidade e não pelo individualismo.

A educação, em muito, pode colaborar, ao observar e legitimar peculiaridades próprias do indivíduo. É tarefa importante da educação auxiliar o sujeito na construção da individualidade, que possibilita o autoconhecimento, a busca pela realização pessoal, bem como a atitude de valorização do outro, e a preocupação com a construção de uma realidade mais harmônica e respeitosa.

Este é o caminho para se quebrar a postura do individualismo, que se caracteriza por um olhar egocentrado, voltado para interesses imediatos, que se dá em bases superficiais, ao atropelar o verdadeiro valor individual e ao subestimar os interesses do outro e do coletivo.

Na cultura do individualismo, a conjugação do verbo tolerar torna-se um potente lenitivo para a autopromoção de indivíduos propensos a desenvolver o olhar para o próprio umbigo.

No mundo da tolerância, não há o verdadeiro acolhimento, pois não há escuta profunda; se não há escuta, não há troca significativa, tampouco a construção de relações pautadas no confiar, pois tudo gira em torno das superficialidades.

Há, nessa circunstância, muitos espaços para inseguranças que levam fatalmente a desconfiança, julgamentos velados, a despeito do discurso veiculado de aceitação das diferenças.

Está implícita, no universo cordialmente injusto, uma tentativa malsucedida de padronização de comportamentos que se encontram no topo de uma cadeia hierárquica cuja intenção é categorizar indivíduos. Desta forma, procura garantir a manutenção de um mundo feito por bons e maus, inteligentes e burros, competentes e incapazes, poderosos e subjugados.

Essa realidade que cinde, divide, não é nada nova, mas parece ter se apropriado de uma poderosa arma: o discurso da tolerância que virou "bola da vez" e que possui poderosos aliados. Assim, a patrulha contumaz ao outro e os mecanismos de controle se tornam cada vez mais sofisticados, mas ainda muito presentes em nossa sociedade.

Reflitamos então sobre alguns elementos que corroboraram com o surgimento desta injusta realidade, e como se dá a manutenção desta com a força de ser aceita como resposta a ansiedades e expectativas de muitos sujeitos.

Parece-nos que esse contexto surge no afã de "negar" os abusos autoritários trazidos pelo patriarcado opressor, presente por um longo período em nossa cultura, e que deixou marcas negativas, neuroses, traumas, desconfortos em muitos de nós, homens e mulheres, que vivemos sob o jugo de contextos constrangedores, como, por exemplo, o período da ditadura militar.

Entretanto, uma das alternativas que se propõe como possibilidade da construção de um novo contexto, vem endossada por uma postura que transforma nossa realidade em um aparente vale-tudo. Porém, o que se constitui é um terreno fértil para a conformação de uma realidade excludente.

É possível observar em nossa cultura, por exemplo, o surgimento de elementos com o poder de acionar no imaginário coletivo o arquétipo materno, de forma exageradamente distorcida.

Numa explicação bem sucinta, arquétipo, segundo a psicologia analítica de Jung, tem a ver com conteúdos herdados de vivências da humanidade, que, por sua vez, se traduzem em estilos de comportamentos que habitam o imaginário coletivo.

Jung, que buscou o entendimento da estrutura psíquica do indivíduo, revelou que há uma instância no inconsciente, chamada de inconsciente coletivo, onde também habitam arquétipos diversos. Podemos dizer, de forma bem simplificada, que o inconsciente traz elementos que fazem parte da história pessoal do sujeito, e o inconsciente coletivo é habitado por símbolos e imagens ancestrais, que podem se manifestar na cultura de diferentes formas.

No capítulo sobre professores, exemplificamos alguns arquétipos (que inclusive possuem polaridades positivas e negativas) e procuraremos contextualizar melhor o significado deste em nossa cultura.

Os atributos do arquétipo materno em seu lado positivo são, conforme Jung salienta: *"o "maternal"*, simplesmente a mágica autoridade do feminino; a sabedoria e a elevação espiritual além da razão; o bondoso, o que cuida, o que sustenta, o que proporciona as condições de crescimento, fertilidade e alimento;

o lugar da transformação mágica, do renascimento, o instinto e o impulso favoráveis (citação de Vanilde Portilo 2001). No poema, "Saber Viver", de Cora Coralina, podemos constatar a presença de elementos positivos que caracterizam tal arquétipo, que se traduz por amorosidade, continência, acolhimento.

Não sei... Se a vida é curta
Ou longa demais pra nós,
Mas sei que nada do que vivemos
Tem sentido, se não tocamos o coração das pessoas.

Muitas vezes basta ser:
Colo que acolhe,
Braço que envolve,
Palavra que conforta,
Silêncio que respeita,
Alegria que contagia,
Lágrima que corre,
Olhar que acaricia,
Desejo que sacia,
Amor que promove.

E isso não é coisa de outro mundo,
É o que dá sentido à vida.
É o que faz com que ela
Não seja nem curta,
Nem longa demais,
Mas que seja intensa,
Verdadeira, pura... Enquanto durar.

Vivemos, entretanto, em nossa cultura, atualmente, sob a influência de uma visão pseudomaternal, que aparece sob um discurso de aparentes cuidados com o sujeito. Os cuidados são veiculados, entre outras coisas, por discursos de preocupação com a qualidade do corpo, da saúde, e embalados por cultos excessivamente voltados para o próprio Eu.

Sob a égide de um pseudorrespeito ao sujeito e às diferenças, este contexto é, na verdade, pautado por padrões rígidos e patrulhamento a comportamentos que fogem do esperado.

Não raro, as pessoas sentem-se com obrigações de buscar uma estética do corpo perfeito, ou mesmo ter um comportamento extrovertido, descolado, ou perseguir padrões de comportamento que possam dar ao sujeito um destaque social que busca referências em modelos eleitos como "os melhores".

Para quem se distancia de tais padrões, a postura pseudomaternal pode se apresentar sob a égide da condescendência com os "menos afortunados". Seguramente, tal postura reforça a ideia de que há indivíduos mais aptos que outros, e que alguns precisam da "proteção" de outros, alimentando assim relações desequilibradas.

Podemos constatar, sem muitos esforços, uma infinidade de padrões em nossa sociedade, e no seio da própria instituição escolar. Assim, esta situação de pseudogenerosidades e cuidados superficiais está mais para caricatura do arquétipo materno, este, sim, com o poder de acolhimento profundo. Desta forma, o individualismo continua a ser alimentado – e este distancia o sujeito do olhar profundo para si e para o outro.

Byington (2003, p.187) nos fala sobre o arquétipo da alteridade, o qual propicia o máximo de produtividade do processo de elaboração simbólica, por intermédio da interação dialética entre o Ego e o Outro". *"O dinamismo da alteridade é ativado na consciência pelo arquétipo da anima"* (na personalidade do homem) e do animus (na personalidade da mulher) (Sargo e Grimaldi revista abpp 2005).

Desta forma, o encontro dos elementos masculino e feminino, representado pelo referido arquétipo, nos faz pensar sobre o necessário diálogo, especialmente no que tange à educação formal e não formal, do paterno rigoroso, que é exigente, porém criativo, com o materno acolhedor, que traz continência e escuta verdadeira. Esta pode ser considerada uma realidade verdadeiramente encorajadora e acolhedora.

No contexto atual também ressurgem discursos saudosistas, que fazem referência à realidade atual como flácida, e, portanto, carente de maior rigidez.

Há o relato de que os sujeitos estão pautados pelos princípios de prazer em detrimento do princípio de realidade e que esta deve ser encarada com maior realismo.

Esquecem-se os defensores deste discurso que o contexto que valorizou apenas o princípio de realidade, abortando o prazer e a satisfação do indivíduo, se pautou por um paterno rígido, responsável pela instalação de uma realidade injusta e desequilibrada que ainda sofre as mazelas do poder abusivo.

Esta interpretação, defendida por alguns, não consegue vislumbrar a possibilidade de diálogo entre realidade e prazer, entre mundo objetivo e subjetivo. Estes não são excludentes, ao contrário, podem e devem fazer parte da vida de todos os indivíduos.

Da realidade desprazerosa encabeçada pelo patriarcado controlador, devemos estar atentos para que não se configure uma realidade frustrante, do prazer pelo prazer, que é imediato, e que subestima a conformação com uma realidade equilibrada. Trata-se de um pseudoprazer, extremamente desprazeroso, alimentado, muitas vezes, por relações simbióticas, que interferem no processo do sujeito constituir-se como indivíduo. Em ambas as concepções, constata-se uma visão cindida acerca das reais necessidades do sujeito. Capacidades como a resiliência – que pode ser vista como a atitude de resistência em relação às fragmentações, quebras e desestabilizações – bem como a perseverança – que auxilia o indivíduo a conservar-se firme e constante perante os obstáculos – também têm sido subestimadas em nossa cultura. Assim os sujeitos, ao não desenvolverem recursos suficientes para lidar com as frustrações e entraves da realidade objetiva procuram fugir destas, mas paradoxalmente vivem imersos em frustrações significativas. Estes não conseguem reconhecimento e validação e vivem uma falsa percepção de serem especiais.

É preciso entender que esse contexto afeta significativamente a relação dos indivíduos com a aprendizagem, pois esta se refere aos processos em que se infere o desejo do indivíduo pelo conhecimento, que, apesar de trabalhoso, pode ser também prazeroso.

Vivemos, aliás, numa era em que nunca se precisou tanto do conhecimento exigente, e de soluções criativas para enfrentar os obstáculos e os desafios da realidade objetiva. Muitos discursos e ações presentes em nossa realidade atual se instalaram na tentativa de negar elementos que até então eram considerados rígidos e castradores do sujeito. Porém, muitas ações se mostraram pouco eficazes no sentido de auxiliar o indivíduo a desenvolver suas reais capacidades.

Das iniciativas que se voltaram para colaborar com educação formal e não formal, foi possível constatar uma forte mobilização com o intento de incorporar elementos do sujeito para os seus processos de desenvolvimento e aprendizagem. Buscava-se assim negar os elementos trazidos pelo patriarcado opressor. Movimentos emblemáticos como o "é proibido proibir" tiveram interpretações exacerbadas por importantes segmentos de nossa cultura, colaborando para banir das práticas educativas elementos que poderiam ser conservados e agregados a novos olhares, novos valores, novas práticas.

Em algumas instituições educacionais, linhas metodológicas que pretendiam acionar o indivíduo na construção de seu processo educacional, falharam ao "rifar" importantes elementos da ordem do estruturante, das regras, das exigências, estes também necessários para o desenvolvimento do sujeito na lida com o mundo objetivo.

Por todos esses fatores, a realidade que podemos constatar, entretanto, é de uma geração desprovida do olhar profundo para si próprio, para o autoconhecimento, e enfraquecida em recursos capazes de lhe subsidiar para a construção de uma nova realidade, que carece do olhar para o todo, para a reconstrução coletiva.

A capacidade para perceber a importância da ação de cada indivíduo no coletivo requer uma educação abrangente, sistêmica, com o olhar para o todo, que transcenda os discursos fragmentados presentes em nossa cultura. Faz-se importante perceber que tais discursos interferem e atrapalham as transformações sociais já em curso. Nossa realidade é composta por um fervilhar de múltiplos talentos, múltiplas possibilidades, e negá-las é remar contra a maré.

A sociedade está em transformação significativa e o papel de todos é zelar pelo máximo de qualidade, pois as mudanças são irreversíveis.

Há, entretanto, a busca de colaborações e os projetos que concebem visões do indivíduo em sua totalidade. Podemos constatar algumas instituições escolares preocupadas em trabalhar a metacognição no processo educacional. Isso significa que o indivíduo entra em contato com seus próprios recursos no processo de aprendizagem. Esse é um exercício extremamente interessante, pois pressupõe autoconhecimento, e desperta no indivíduo o desejo pelo aprender.

Não devemos esquecer, entretanto, que o desejo por querer se conhecer, se ver, se rever, o desejo pelo ser, tem a ver com a construção de ricas relações interpessoais. O sujeito se reconhece no outro, e, ao ser reconhecido com profundidade, valoriza a busca pessoal e sua importância para o todo. Para tanto, todos os educadores devem estar atentos às suas práticas e discursos, e olhar o indivíduo pelo prisma do todo, com amorosidade e respeito. Assim, poderemos ser copartícipes na construção de uma realidade que inclua todos com qualidade, evitando sofrimentos desnecessários.

Podemos também citar como exemplo as contribuições da Psicopedagogia, que trazem valiosos subsídios para todos os indivíduos envolvidos com a educação formal e não formal. Eloisa Fagali, em seu livro *Múltiplas faces do aprender*, nos traz importantes contribuições para contemplar o indivíduo em sua multiplicidade de estilos cognitivo-afetivos, que se manifestam na relação deste com seus processos de aprendizagem.

Neste aspecto, projetos de caráter humanistas fazem a diferença em nossa sociedade, e precisam se multiplicar para combater os entraves e as resistências que interferem na construção da rede de relações que levam à uma realidade inclusiva.

No cenário sociocultural, vários são os discursos com o poder de alimentar a exclusão. Observemos portanto, com atenção, o discurso que evoca a tolerância, como este ganha status e irrompe com uma força sem precedentes em nossa cultura. Assim, muitos sujeitos podem alimentar a falsa percepção de que "[...] *todos tem sua vez*" e para tanto basta querer. Porém, muitas vezes, os sujeitos precisam de alguém que lhes estenda a mão, e lhes dê ajuda que requer acolhimento, validação, reconhecimento e encorajamento. Assim, não raro podemos constatar a enganosa propaganda de um pretenso "carnaval dos diferentes" em que estes ao desfilarem suas peculiaridades, suas diferenças, na tentativa de buscar um lugar ao sol, expõem suas fragilidades e tornam-se reféns de controles velados, porém nada piedosos.

Vivemos hoje sob a influência de uma cultura superficial do culto ao corpo, e de valores padrão que ao invés de libertar o indivíduo, o aprisionam. O paradoxo reside no fato de que a supervalorização do estético e do corpo inviabiliza a real libertação do sujeito, e o conhecimento do próprio corpo e de seus valiosos recursos. Vale dizer que não se trata de criticar pessoas que cuidam da aparência física, pois isso pode também ser benéfico ao sujeito. No entanto, o fato é que nossa sociedade, ao polarizar a importância da estética, muitas vezes se esquece de valorizar ricos recursos como, por exemplo, a Arte, que é capaz de mobilizar a criatividade e o contato do sujeito com seu universo simbólico. Desta forma, desperdiça-se, em nossa cultura, a importante possibilidade de auxiliar o indivíduo na constituição de sua real identidade, e assim, tornamo-nos reféns de alguns perversos padrões.

Neste contexto, por vezes, diversos grupos tendem a fechar-se em castas, ainda que ostentem o discurso da liberdade e da democracia; ora se revestem por posturas de vitimização, ora alimentam o sentimento de serem especiais, escolhidos, e colocam-se assim à margem da inclusão. Hoje, o porta-bandeira deste carnaval tem nome e é popularmente conhecido como tolerância, um potente fertilizante para o terreno dos adestramentos e das categorizações. Caetano Veloso diz na canção: *"enquanto os homens exercem seus podres poderes, índios e padres e bichas, negros e mulheres, e adolescentes, fazem o carnaval. Queria cantar afinado com eles... mas tudo é muito mal"* ("Podres Poderes", 1986).

Neste solo, brota a categoria adolescente, na busca de sementes adequadas que lhe possibilitem colher os frutos da validação e do reconhecimento no mundo dos adultos. Numa realidade que não tem como ponto forte reconhecer o outro, a saga do adolescente dos dias atuais não é nada fácil.

Segundo Contardo Calligaris, a visão de adolescente, tal qual é concebida "[...] *parece ser uma invenção idealizada, serve mais às expectativas dos adultos do que a eles próprios*" (2010)

Sim, porque em épocas distantes adolescentes fizeram história, foram líderes, revolucionaram, embora vários episódios tenham deixado marcas indeléveis em muitos de seus protagonistas. Mas a categoria adolescente, como invenção do século XX, vive em condição de verdadeira moratória.

No cenário atual, muitos adolescentes, desde a mais tenra infância, são submetidos a cuidados especiais, superproteções e controles que postergam cada vez mais sua maturação e seu preparo frente às cobranças e exigências do mundo contemporâneo. Assim, imerso na invasiva cultura do individualismo, do prazer imediato, do mundo *fast-food*, o indivíduo priva-se do desenvolvimento de capacidades para lidar com frustrações, sendo desencorajado para o enfrentamento de pequenos e grandes desafios. Inicia-se, assim, a difícil saga de nosso jovem herói, que clama por reconhecimento e validação, mas que passa a apresentar sintomas significativos, tais como insegurança, ansiedade, baixa autoestima, depressão, agressividade, indisciplina, arrogância entre outros: *"o adolescente é rejeitado pela sociedade dos adultos [...] quando um pedido não encontra uma palavra que, no mínimo reconheça sua relevância, normalmente seu autor levanta a voz... a insegurança se torna assim o traço próprio da adolescência"* (CALLIGARIS, 2000).

Afastado da possibilidade real de construir relações de confiança, até porque ninguém confia nele, o adolescente priva-se da construção do real olhar para o outro e para si próprio. Aparentando um individualismo exacerbado, muitas vezes nosso herói segue desencorajado a trilhar os caminhos do amadurecimento.

Por vezes, recolhe-se em seu mundo particular, cercado de superproteções, e com uma falsa percepção de acolhimento. Entretanto, ao não reunir condições para sair desta angustiante situação, revolta-se por deparar-se com um pseudoprazer. Diz Calligaris que o adolescente, na procura de reconhecimento, é culturalmente seduzido a se engajar por caminhos tortuosos onde, paradoxalmente, ele se marginaliza logo no momento que viria a se integrar. Há mesmo um cenário pouco favorável: *"querem que ele seja autônomo e lhe recusam essa autonomia. Querem que persiga o sucesso social e amoroso e lhe pedem que postergue esses esforços"* (2010).

Assim, o adolescente se vê imerso em um contexto rico em cobranças, mas pobre em recursos que lhe possibilitem crescimento e um melhor preparo para a vida adulta que o aguarda em um futuro cada vez menos ao seu alcance. Esta realidade se traduz por exigências que enfatizam melhores resultados acadêmicos, vestibulares, e a formação de indivíduos aptos a conceber ações capazes de salvar o planeta, este em estado deplorável e herdado de seus antecessores, muitos deles os mesmos adultos que lhe cobram formação adequada. A capacidade de sobrevivência da espécie parece ser depositada em nossos jovens, mas, paradoxalmente, os recursos necessários para ações concretas distanciam-se cada vez mais, escapando-lhes das mãos. Assim, podemos presenciar indivíduos desprovidos de vivências significativas capazes de lhes subsidiar a ultrapassar uma postura pragmática, que busca respostas imediatas para soluções que, muitas vezes, requerem persistência, e disposição para "encarar" tarefas árduas.

Podemos constatar, por exemplo, no mercado de trabalho, muitos jovens que desistem de agir quando se deparam com obstáculos que lhes exigem perseverança e capacidade para lidar com frustrações. Muitos chegam a pedir demissão de seus trabalhos, ao se depararem com exigências que julgam não serem capazes de corresponder ou que acreditam não poder suportar.

Na escola, o adolescente vive uma realidade não muito diferente. Não por acaso vemos educandos indisciplinados, individualistas, bombardeados por técnicas de estudo, tarefas que teimam em não realizar, controles e cobranças pelos melhores resultados e por um comportamento adequado. As relações interpessoais estabelecidas entre os próprios educandos são, em geral, destituídas de qualidade, e se pautam em aparências e máscaras, com papéis definidos que hierarquizam relações de poder.

É possível facilmente identificar na realidade escolar, em especial no período da puberdade e da adolescência, o sujeito considerado popular, que apresenta, para além de uma estética física padrão, comportamento expansivo, extrovertido, com poderes excessivos de comunicação com a realidade externa, padrão extremamente valorizado em nossa cultura. Assim, a dinâmica relacional entre os jovens gira em torno do famoso "descolado", que muitas vezes utiliza-se de suas características para hierarquizar as relações, ao invés de valer-se de suas qualidades para cultuar relações interpessoais saudáveis.

Diante dessa realidade, surgem vários personagens: os amigos dos populares, os impopulares, os *nerds*, os que precisam de proteção dos mais fortes e os mais fracos. A maioria quer "imitar" o descolado, ou ao menos se beneficiar, de alguma forma, de seu poder. Há também os que são considerados estranhos, esquisitos, por fugirem dos padrões ideais. Assim, a hierarquia das relações se constitui de poderes que subjugam muitos e enaltecem poucos. Tal situação pode desembocar no famigerado *bullying*, que se caracteriza pelo constrangimento, pelas humilhações e por um enorme sofrimento aos indivíduos envolvidos nessas relações comprometidas pelo desrespeito. Muitas vezes esse padrão relacional se estende para a vida adulta.

Os famosos trotes universitários são um retrato da péssima qualidade das relações interpessoais vividas por nossos jovens e que se inicia desde a mais tenra idade nos bancos escolares e na sociedade como um todo. Afinal, os aprendizes, via de regra, são categorizados por bons ou maus alunos, concepções estas que se pautam por padrões cristalizados na cultura educacional.

Aluno quer dizer sem luz e assim caminha o adolescente destituído de seu papel de protagonista, próprio do indivíduo que cria, constrói autonomia, exercita afetividade, solidariedade e consolida relações pautadas no respeito e no confiar.

Os projetos dos quais participa, muitas vezes, carecem de vivências que lhes deem sentido; o aluno pensa, escreve, faz apresentações verbais sobre os temas estudados, mas não há a vivência prática destes, o que é lamentável. Vai, desta forma, alimentando sua condição de ALUNO e com isso, todo o seu enorme potencial criativo e afetivo, muitas vezes, acaba sendo subestimado pela cultura escolar.

Mesmo alguns educandos mais bem-sucedidos, segundo os padrões educacionais, podem apresentar-se ansiosos, inseguros, com medo de serem rejeitados, criticados e com poucos recursos para encarar a realidade objetiva. Os excessivos elogios e os aplausos vindos da pseudocordialidade os fizeram inseguros em relação ao desconhecido e vulneráveis às críticas. Em alguns casos, como, por exemplo, em períodos de vestibular, a excessiva ansiedade por resultados pode até criar no jovem a necessidade de ser acompanhado por profissionais especializados. As habilidades e competências desenvolvidas, com o intuito de acionar o pensamento lógico, e as atitudes corretas que lhe foram prescritas não foram suficientes para se constituir como indivíduo mais encorajado no enfrentamento de grandes obstáculos e na lida com seus sentimentos, embora seja um bom "aluno" por encaixar-se nos padrões dele esperados pela escola.

Nesse contexto, o "mau" aluno passa ser o grande vilão na vida de professores, diretores, orientadores. Por vezes, estes profissionais se transformam em verdadeiros controladores educacionais, recorrendo a discursos saudosistas em busca de soluções com ações mais eficazes do passado, em relação ao que se considera como caos. Assim, posturas rígidas e opressoras podem ressurgir carregadas de críticas nada construtivas. Estas também são responsáveis por deflagrar no indivíduo dores e sofrimentos.

Nas classes sociais menos favorecidas, a evasão escolar chega a níveis absurdos, e os jovens são despejados dos bancos escolares muito precocemente, desprovidos de recursos que lhes permitam se incluir socialmente, como cidadãos. Muitos adolescentes desta classe social abandonam os estudos e adentram o mundo do trabalho sem os recursos necessários para alçar o sucesso pessoal e profissional.

De uma realidade permeada por dificuldades de aprendizagem, comportamentos inadequados, abandonos e evasões, vemos emergir uma visão que busca categorizar os indivíduos pelo viés de um olhar patologizante, que focaliza apenas o sintoma e não o processo educacional. Assim, perde-se a possibilidade de buscar diferentes fatores que geram tantas dificuldades na aprendizagem. Entram em cena ações reparativas, preventivas, corretivas e controladoras. Os elogios caminham lado a lado com as críticas nada construtivas, frequentemente utilizadas na tentativa de seduzir os alunos para uma boa causa que mobiliza a busca de um sonho idealizado do bom aluno.

O pseudoacolhimento também pode aparecer no seio da instituição escolar por meio de ações superprotetoras, cujo viés é a condescendência, conhecidas por projetos de inclusão. Via de regra, tais ações acabam por excluir o sujeito, marcando-o com carimbo do aluno limítrofe, problemático ou mesmo portador de deficiências e distúrbios. Há, de fato, crianças e muitos adolescentes com sérias dificuldades que se apresentam no processo e na relação com o aprender. Isso precisa ser olhado, com muito cuidado e propriedade, pelo prisma das conexões entre múltiplos fatores.

Diante de circunstâncias pouco satisfatórias, devemos pensar nas instituições em geral, em especial a escola, com o poder de deflagrar ações capazes de transformar esse cenário. A escola desempenha o importante papel de educar, inclusive os adolescentes e formar indivíduos com a capacidade crítica para o pensar, mas deve se preocupar também com a educação que permite o criar, o intuir, o sentir, o fazer e o conviver. Há muitos educadores, entretanto, que acreditam que apenas as crianças devam ser orientadas quanto à formação e que os jovens não necessitam desse tipo de apoio, e essa visão e limitada.

Para além da sala de aula, a escola deve preocupar-se em possibilitar ricas vivências a todos os seus protagonistas. Neste processo, pais, professores, educadores e todos os educandos podem, sim, fazer a diferença. Assim, encerro este capítulo refletindo sobre a importância da educação escolar na vida de todos os sujeitos, inclusive de nossos adolescentes. É através de ações em rede, das atitudes que pressupõem respeito, acolhimento e do olhar de validação para as reais diferenças e para o outro que a escola pode mobilizar ações que permitam a todos se beneficiar de forma significativa em seus processos de amadurecimento e autonomia.

Capítulo IV

Breves considerações sobre a escola

Não se ensina o indivíduo a ser honesto, ensina-se tudo o mais.

(Pascal)

A escola tem sido alvo de muitas críticas. Por vezes, de forma exagerada, passa a ser culpabilizada pela responsabilidade de crianças e jovens estarem alienados da realidade. Creio que isso se dá em razão das expectativas que se depositam nela e isso é um indicativo da força e do poder que ela detém. De fato, a escola insere-se numa cultura que traz muitos elementos que ela acaba por reproduzir. Mas, na medida em que se revê, se reestrutura, pode alçar *status* de entidade capaz de reverberar ações humanistas em rede, de caráter transformador. Reflitamos então.

É necessário que não se restrinja a focalizar apenas o **aluno**, e sim que cuide de ampliar espaços para o **sujeito** que aprende, que vive, que se emociona. Há necessidade de se considerar para além da reprodução, tendo como meta a produção de conhecimento; não há mais sentido em obter respostas prontas e sim para aprender a perguntar e buscar possíveis respostas sempre em reconstruções.

Não há mais conforto nas salas enfileiradas, e sim na ocupação e distribuição das pessoas em diferentes espaços, de forma que facilite a comunicação;

Não há mais porque alimentar a situação de *bullying*, sintoma que denuncia a péssima qualidade das relações interpessoais e das retroalimentações das violências sociais que se perpetuam na instituição.

Os controles poderão ceder lugar à autonomia.

A arte pode ser mais valorizada e possibilitar as expressões criativas, mobilizadas pelas metáforas sobre questões existenciais-humanas, que atravessam as disciplinas e não mais devem estar enclausuradas em meras técnicas apresentadas em 45 minutos de aula; tampouco se manifestar apenas por ocasião de eventos, como show de talentos. Aliás, há mais espaço para a educação que visa reintegrar o que foi fragmentado no homem e no conhecimento, que é, geralmente, ocupado com excesso de informações.

Não há mais lugar para a postura que procura jogar para debaixo do tapete os conflitos, passando um verniz de pseudo-generosidade nestes; e menos ainda para posturas autoritárias.

Não há mais porque culpabilizar professores, pais, pois estes devem ser reconhecidos como parceiros incontestes. Também não é possível se esconder atrás das mazelas da realidade externa para justificar eventuais fracassos.

Há necessidade de se olhar a família como grande aliada.

Há de se esquecer dos discursos saudosistas e partir para a construção de uma nova realidade.

Há muito espaço, sim, para parcerias significativas, escuta aos pais, professores, gestores educacionais e educandos.

Há que se reconhecer diferentes estilos cognitivo-afetivos, diferentes formas de expressão, na abertura para o diálogo com a comunidade, ricas vivências, de forma que todas estas pessoas sejam protagonistas das experiências na busca de possíveis soluções.

Há lugar para conjugar o verbo acolher, aposentando-se o discurso do tolerar.

O *"penso logo existo"* cartesiano, deve ser complementado pelo diálogo com a emoção: "sinto e penso, logo existo" com elaborações possibilitadas pela criatividade, intuição, e múltiplas expressões do universo simbólico do homem e das culturas, que se revelam nas ricas e complexas vivências, elementos fundamentais para validação do indivíduo.

Finalizando, há de se considerar sobre os múltiplos espaços para o acolhimento e o encorajamento de todos os indivíduos que atuam e participam da árdua tarefa de educar, e, principalmente, para a construção de ricas relações pautadas pela amorosidade, pelo respeito e pelo confiar.

Capítulo V

Sobre tarefas escolares – Sísifo e Psique

Para aprender é preciso querer, desejar, senão corremos o risco de nos transformarmos em eternos Sísifos.

Imagine que você dedicasse horas de seu dia a rolar uma enorme pedra de cima de um penhasco e esta, ao atingir o solo, precisasse ser conduzida de volta ao topo do penhasco.

Imagine-se então repetindo essa atividade destituída de sentido por anos a fio.

Então substitua essa amargurada sensação pela realização de atividades desafiadoras e estimulantes. Imagine que à medida que os graus de dificuldade aumentassem você sentisse um enorme desejo de superá-los, e, a cada superação, você se sentisse fortalecido e encorajado a encarar novos desafios. Então, que ações e sentimentos você prefere?

No mundo mitológico há dois personagens que podem ilustrar essas distintas situações. Sísifo é o personagem que rola a pedra e, por castigo de Zeus, é condenado eternamente a essa incessante tarefa. Já Psique, perseguida por Afrodite, mãe de Eros, submete-se a várias tarefas aparentemente impossíveis e a favor de uma causa que envolve um grande desejo, a conquista do amor. Assim, busca uma força interior que a encoraja a superar sua dura realidade. Psique passa por uma morte simbólica, que a leva à transcendência associada à busca de uma realidade plena de realizações.

A despeito da inveja e do ódio de Afrodite, Psique, movida por desejos legítimos, conquista o amor de Eros. (Uma versão mais detalhada das narrativas mitológicas de Sísifo e Psique está nos Anexos.)

Se fizermos uma analogia com a realidade escolar, poderemos encontrar muitas semelhanças.

Quando o educando reproduz traços da saga destes heróis mitológicos? Veremos depois do que explicito em relação ao que observamos como educadores. Pensemos, por exemplo, na realização de lições de casa.

A não realização dessas lições têm sido uma das maiores preocupações de todos os educadores. Há um índice altíssimo de não realização de atividades em classe e extraclasse por parte dos aprendizes. Podemos dizer que o educando tem evitado tarefas que sejam trabalhosas.

Essa postura, muitas vezes diagnosticada como preguiça, falta de vontade, incompetência, e até baixa tolerância para lidar com a frustração de encarar algo que requer dedicação, deve trazer consigo muitos questionamentos e reflexões acerca da importância e da pertinência de tarefas.

Lições de casa ou de classe são o recorte do todo educacional. As partes refletem o todo. Assim, ao invés de pensar em técnicas que ajudem o educando na realização das lições, é preciso pensar a educação como um todo. O desejo de fazer as atividades deve estar atrelado a um desejo maior pelo conhecer.

Na escola, não são só os educandos que reclamam de ser tomados por uma angústia nada criativa ao entrarem em contato com as tarefas cotidianas. Educadores, via de regra, reclamam de estarem assoberbados por milhões de tarefas, planejamentos, planos, projetos, que em muito pouco parecem contribuir para seu aprimoramento. Tarefas não podem ser vistas como castigo. Tem que ser percebidas como parte de um todo maior, e, para isso, devem ser contextualizadas, instigantes, e propiciar ao sujeito a possibilidade de apropriação do conhecimento de forma significativa. As tarefas devem ser pertinentes e contribuir para a formação ampla de capacidades, habilidades, competências, do desejo por aprimorar o espírito investigativo, a atitude crítica e o enriquecimento pessoal de todos os protagonistas no processo educacional. Tarefas devem ser desafiadoras e pertinentes, dando sentido ao aprender. Isto porque, ao falarmos de tarefas, por amostragem tratamos dos processos do aprender como um todo. E o desejo por fazer tarefas deve estar vinculado, de forma inconteste, ao desejo de aprender.

Lições de casa pressupõem o ato do registro e interiorização do conhecimento, e podem, inclusive, auxiliar nossos aprendizes a estimular uma atenção mais focada e rica em detalhes, já que algumas crianças e jovens têm apresentado dificuldades para realizar tarefas das mais diversas que requerem esse tipo de atenção.

De fato, a neurociência tem falado sobre a importância do registro como recurso fundamental para a aquisição do conhecimento. Porém, todo educador deveria acrescentar às diversas contribuições científicas a pergunta: o que leva um indivíduo a ter desejo por registrar? Mesmo considerando que vivemos numa era onde distanciar-se de tarefas árduas é lugar-comum entre nossos jovens, um dos grandes desafios da educação não reside em negar a realidade destes, mas entender o contexto visto além das óbvias constatações. É preciso, pois, entender que o desejo pelo saber é importantíssimo para a aprendizagem significativa.

Pensemos, então, tomando como base esta reflexão, a falta de cumprimento de tarefas como sintomática. Em uma análise bem geral, podemos considerar que o aprendiz encontra-se imerso em um contexto onde o sujeito é submetido a uma realidade do prazer imediato, que estimula a postura de fuga do contato com atividades ditas trabalhosas. Também nossos meninos são bombardeados por estímulos das mais diversas mídias eletrônicas, facilitadoras da atenção flutuante, da dispersão e da perda do foco, tão necessários para a realização destas. Ademais, estão imersos em uma realidade que procura poupar o indivíduo de tudo o que pode representar possíveis sacrifícios.

Lições são vistas como fardos e, desta forma, o aprendiz, facilmente desencanta-se com elas. Um olhar mais abrangente verá esse comportamento como consequência e não como causa.

Paradoxalmente a essa realidade que poupa pequenas frustrações, e que também traz consequências das mais diversas ao indivíduo, temos crianças e jovens que vivem e convivem com enormes frustrações, inclusive, a maior delas, a falta de protagonismo e de reconhecimento de suas reais competências.

No caso dos adolescentes, a realidade os atinge com alto grau de frustração, ao postergar sua possibilidade de se tornar legitimado e reconhecido pelo mundo dos adultos. Assim, importantes recursos, que poderiam colaborar para a reversão deste quadro, vão ficando pelo caminho.

Conclui-se, pois, que atividades, lições de casa e tarefas precisam ser ressignificadas, tendo como base contornos vibrantes. Além disso, precisam ser constituídas de significados, vivências, e tem que considerar o universo dos nossos estudantes como ponto de partida para a ampliação do conhecimento.

Os desafios devem ser pertinentes e inseridos numa realidade que encoraje, e que acolha diferenças, estas entendidas como chaves que abrem um universo de possibilidades para que o indivíduo se torne autor de sua própria história, com capacidade para autogerir seus próprios recursos no processo de aquisição do conhecimento. Desta forma, faz-se necessário reavaliar a educação para além de atividades que estimulem o desenvolvimento do pensamento lógico, este também importante, mas não suficiente para uma educação que se pretenda diferenciada.

Neste âmbito, devem-se estender ações que considerem o ato de educar pelo prisma da educação dos sentidos, do desenvolvimento da consciência corporal, da intuição, da criatividade, dos diferentes estilos cognitivos, do desejo, dos significados, do universo simbólico, das vivências. Este é um desafio do qual a educação não pode prescindir. Para isso, é fundamental que se enterrem as tarefas de Sísifo, e que se busquem espaços para uma realidade de Psique, para que tarefas estejam a serviço do aprimoramento da pessoa em busca de sua constituição como um todo. Assim, pode o indivíduo constituir-se como sujeito que alcança sua autonomia no ato criativo, enquanto desenvolve tarefas sob diferentes ângulos de conquistas, sentimentos e ações de acordo com as singularidades de cada um. Foi o que Psique conquistou na sua saga de heroína.

Sem dúvida, é importante condição para todos os educadores validar e estimular nas crianças e adolescentes o enorme potencial afetivo; a presença forte de valores universais; o respeito ao semelhante e a todos os seres viventes. É preciso estimular o desejo em promover a revolução verde; a capacidade criativa transformadora, a multiplicidade de talentos e estilos cognitivos afetivos; a disposição para construir relações pautadas no confiar. É preciso ver que além dos fatos que categorizam crianças e adolescentes como indisciplinadas, agressivas, apáticas, incompetentes, preguiçosas, há um enorme potencial disponível para a construção de uma realidade mais vibrante e mais justa. Basta acreditar e ajudar nossos aprendizes em seus processos de apropriação dos próprios recursos, em que se valorize a constituição consciente de seus heróis interiores, que clamam por serem protagonistas de suas criações existenciais. Desta forma, podem se constituir como indivíduos que se configuram como parte de um todo significativo.

Pensemos então nos recursos apropriados, trilhando o caminho da educação que valida, acolhe e que também encoraja todos os integrantes desta aprendizagem a mergulhar e a se constituírem com suas múltiplas faces de ser e viver. Não restam dúvidas de que valerá a pena!

Nos dias de hoje, constata-se uma expressiva quantidade de estudantes que abandonam o ensino, inclusive o superior.

O detalhe que chama atenção é que há motivos diversos, não só financeiros, mas, principalmente, a falta do desejo e do olhar para a pertinência e as vantagens para prosseguir na busca pelo conhecimento. Segundo o que revela o mito, estas crianças e jovens podem estar denunciando o que não querem repetir, o eterno retorno de ação mecânica e sofrimento de Sísifo.

Os jovens e crianças podem revelar a necessidade do movimento heroico de Psique em busca do desenvolvimento psíquico educacional mais integrado. Façamos então uma leitura crítica da realidade em que nossos aprendizes estão imersos e sejamos facilitadores da construção de uma realidade mais respeitosa com o ser humano.

Anexo

Mito de Sísifo

Sísifo, rei da Tessália e de Enarete, era o filho de Éolo. Fundador da cidade de Éfira, que mais tarde veio a chamar-se Corinto, e também dos jogos de Ístmia (ou Ístmicos). Sísifo tinha a reputação de ser o mais habilidoso e esperto dos homens e por essa razão dizia-se que era pai de Ulisses. Sísifo despertou a ira de Zeus quando contou ao deus dos rios, Asopo, que Zeus tinha sequestrado sua filha Egina. Zeus mandou o deus da morte, Tanatos, perseguir Sísifo, mas este conseguiu enganá-lo e prender Tanatos. A prisão de Tanatos impedia que os mortos pudessem alcançar o Reino das Trevas, tendo sido necessário que fosse libertado por Ares. Foi então que Sísifo, não podendo escapar ao seu destino de morte, instruiu a sua mulher a não lhe prestar exéquias fúnebres. Quando chegou ao mundo dos mortos, queixou-se a Hades, soberano do reino das sombras, da negligência da sua mulher e pediu-lhe para voltar ao mundo dos vivos apenas por um curto período, para castigá-la. Hades deu-lhe permissão para regressar, mas, quando Sísifo voltou ao mundo dos vivos, não quis mais voltar ao mundo dos mortos. Hermes, o deus mensageiro e condutor das almas para o Além, decidiu então castigá-lo pessoalmente, infligindo-lhe uma dura pena, pior do que a morte. Sísifo foi condenado para todo o sempre a empurrar uma pedra até o cimo de um monte, caindo a pedra invariavelmente da montanha sempre que o topo era atingido. Este processo seria sempre repetido até a eternidade.

Mito de Sísifo. In *Infopédia*. Porto: Porto Editora, 2003-2011.

Eros e Psique

Era uma vez um rei que tinha três filhas. Duas eram lindas, mas a mais nova era muito, muito mais bonita. Dizia-se até que Afrodite – a deusa da beleza – não era tão bonita quanto Psique (esse era seu nome).

Os templos de Afrodite andavam vazios porque as pessoas, principalmente os homens, passaram a cultuar aquela princesa maravilhosa.

Afrodite ficou com ciúme e pediu para seu filho, Eros, preparar uma vingança. Ela queria que Psique se apaixonasse por um monstro horrível. Só que Eros também acabou sendo atingido pelos encantos da menina. Ele ficou tão maravilhado ao ver Psique que não conseguiu cumprir a ordem da mãe.

O estranho é que todos aqueles homens que ficavam enfeitiçados com sua beleza não se aproximavam e nem tentavam namorá-la. As duas irmãs, que perto da caçula não tinham a menor graça, logo arranjaram pretendentes e cada uma se casou com um rei. A família ficou preocupada com a solidão de Psique.

Então, um dia, o pai resolveu perguntar ao oráculo de Apolo o que deveria fazer para a menina arranjar um marido. O que ele não sabia é que Eros já havia pedido a Apolo para ajudá-lo a cumprir os planos de sua mãe. A resposta que o rei levou para casa o deixou muito mais preocupado do que já estava: o deus falou que Psique deveria ser vestida de luto e abandonada no alto de uma montanha, onde um monstro iria buscá-la para fazer dela sua esposa.

Embora muito triste, a família cumpriu essas determinações e Psique foi deixada na montanha. Sozinha e desesperada, ela começou a chorar. Mas, de repente, surgiu uma brisa suave que a levou flutuando até um vale cheio de flores, onde havia um palácio maravilhoso, com pilares de ouro, paredes de prata e chão de pedras preciosas.

Ao passar pela porta, ouviu vozes que diziam assim: *"Entre, tome um banho e descanse. Daqui a pouco será servido o jantar. Essa casa é sua e nós seremos seus servos. Faremos tudo o que a senhora desejar"*. Ela ficou surpresa. Esperava algo terrível, um destino pior que a morte e agora era dona de um palácio encantado. Só uma coisa a incomodava: ela estava completamente sozinha. Aquelas vozes eram só vozes, vinham do ar.

A solidão terminou à noite, na escuridão, quando o marido chegou. E a presença dele era tão deliciosa que Psique, embora não o visse, tinha certeza de que não se tratava de nenhum monstro horroroso.

A partir de então, sua vida ficou assim: luxo, solidão e vozes que faziam suas vontades durante o dia e, à noite, amor. Acontece que a proibição de ver o rosto do marido a intrigava. E a inquietação aumentou mais ainda quando o misterioso companheiro avisou que ela não deveria encontrar sua família nunca mais. Caso contrário, coisas terríveis iam começar a acontecer.

Ela não se conformou com isso e, na noite seguinte, implorou a permissão para ver pelo menos as irmãs. Contrariado, mas com pena da esposa, ele acabou concordando. Assim, durante o dia, quando ele estava longe, as irmãs foram trazidas da montanha pela brisa e comeram um banquete no palácio.

Só que o marido estava certo, a alegria que as duas sentiram pelo reencontro logo se transformou em inveja e elas voltaram para casa pensando em um jeito de acabar com a sorte da irmã. Nessa mesma noite, no palácio, aconteceu uma discussão.

O marido pediu a Psique para não receber mais a visita das irmãs e ela, que não tinha percebido seus olhares maldosos, se rebelou, pois, além de estar proibida de ver o rosto dele, agora ele queria impedi-la de ver até mesmo as irmãs? Novamente, ele acabou cedendo e no dia seguinte as pérfidas foram convidadas para ir ao palácio de novo. Mas, dessa vez, elas apareceram com um plano já arquitetado.

Elas aconselharam Psique a assassinar o marido. À noite, ela teria que esconder uma faca e uma lamparina de óleo ao lado da cama para matá-lo durante o sono.

Psique caiu na armadilha. Mas, quando acendeu a lamparina, viu que estava ao lado do próprio Eros, o deus do amor, a figura masculina mais bonita que havia existido. Ela estremeceu, a faca escorregou da sua mão, a lamparina entornou e uma gota de óleo fervente caiu no ombro dele, que despertou, sentiu-se traído, virou as costas, e foi embora. Disse: *"Não há amor onde não há confiança"*.

Psique ficou desesperada e resolveu empregar todas suas forças para recuperar o amor de Eros, que, a essa altura, estava na casa da mãe se recuperando do ferimento no ombro. Ela passava o tempo todo pedindo aos deuses para acalmar a fúria de Afrodite, sem obter resultado. Resolveu então ir se oferecer à sogra como serva, dizendo que faria qualquer coisa por Eros.

Ao ouvir isso, Afrodite gargalhou e respondeu que, para recuperar o amor dele, ela teria que passar por uma prova. Em seguida, pegou uma grande quantidade de trigo, milho, papoula e muitos outros grãos e misturou. Até o fim do dia, Psique teria que separar tudo aquilo.

Era impossível e ela já estava convencida de seu fracasso quando centenas de formigas resolveram ajudá-la e fizeram todo o trabalho.

Surpresa e nervosa por ver aquela tarefa cumprida, a deusa fez um pedido ainda mais difícil: queria que Psique trouxesse um pouco de lã de ouro de umas ovelhas ferozes. Percebendo que ia ser trucidada, ela já estava pensando em se afogar no rio quando foi aconselhada por um caniço (uma planta parecida com um bambu) a esperar o sol se pôr e as ovelhas partirem para recolher a lã que ficasse presa nos arbustos.

Deu certo, mas no dia seguinte uma nova missão a esperava.

Agora Psique teria que recolher em um jarro de cristal um pouco da água negra que saía de uma nascente que ficava no alto de uns penhascos.

Com o jarro na mão, ela foi caminhando em direção aos rochedos, mas logo se deu conta de que escalar aquilo seria o seu fim. Mais uma vez, conseguiu uma ajuda inesperada: uma águia apareceu, tirou o jarro de suas mãos e logo voltou com ele bem cheio de água negra.

Acontece que a pior tarefa ainda estava por vir. Afrodite, dessa vez, pediu a Psique que fosse até o inferno e trouxesse para ela uma caixinha com a beleza imortal. Desta vez, uma torre lhe deu orientações de como deveria agir, e, assim, ela conseguiu trazer a encomenda.

Tudo já estava próximo do fim quando veio a tentação de pegar um pouco da beleza imortal para tornar-se mais encantadora para Eros. Ela abriu a caixa e dali saiu um sono profundo, que em poucos segundos a fez tombar adormecida.

A história acabaria assim se o amor não fosse correspondido. Por sorte, Eros também estava apaixonado e desesperado. Ele tinha ido pedir a Zeus, o deus dos deuses, que fizesse sua mãe parar com aquilo para que eles pudessem ficar juntos.

Zeus então reuniu a assembleia dos deuses (que incluía Afrodite) e anunciou que Eros e Psique iriam se casar no Olimpo e ela se tornaria uma deusa. Afrodite aceitou porque, percebendo que a nora iria viver no céu, ocupada com o marido e os filhos, os homens voltariam a cultuá-la.

Eros e Psique tiveram uma filha chamada Volúpia e, é claro, viveram felizes para sempre.

Os deuses da mitologia grega costumam ter dois nomes, um grego e outro romano. Assim, Eros é o nome grego do Cupido e sua tradução para o português é Amor.

Palavras com erótico e erotismo vêm daí. Afrodite e Vênus também são a mesma deusa. Psique só tem esse nome que, em grego, significa alma. Psíquico, psiquiatria e psicologia nasceram dessa raiz. O mito de Eros e Psique é a história da ligação entre o amor e a alma.

FONTE: GOOGLE users.matrix.com.br/deusavenus/eros.htm

Capítulo VI

Pais

*Ressuscita-me para que a partir de hoje
a família se transforme,
e o pai seja pelo menos o universo,
e a mãe seja no mínimo a terra*

(Caetano Veloso, 1981)

Pais querem acertar. Em minha experiência como orientadora educacional e psicopedagoga pude constatar essa máxima.

Pais querem ser parceiros, buscam subsídios que colaborem na educação de seus rebentos.

Pais querem ajudar seus filhos a constituírem-se como cidadãos, aptos a enfrentar a dura realidade que aí está.

Pais vão à escola com a expectativa de ouvirem muito mais do que as duras constatações: seu filho não faz lição, é mau aluno e é indisciplinado.

Pais precisam e querem orientações que os subsidiem a ajudar seu filho a transpor difíceis situações que envolvem as mais diferentes aprendizagens.

Pais possuem colaborações substanciais para a troca mútua e precisam ser acolhidos.

A busca incessante e, às vezes, não tão clara dos pais por soluções adequadas no processo de aprendizagem dos seus filhos, por vezes, os têm colocado vulneráveis a críticas, sendo apontados como invasivos e inoportunos.

Em minha trajetória profissional, ouvi por várias vezes argumentos em que se alega que "[...] *os pais devem ser colocados em seu lugar devido! e que a escola deve ser soberana, deixando claro suas regras que devem ser respeitadas custe o que custar!*

De fato, regras são importantes se forem pautadas pela premissa de que devam ser interiorizadas para serem respeitadas e, não prescritas para serem temidas.

A atitude impositiva por parte da instituição educacional aborta, de forma inconteste, a possibilidade de construção de relações de confiança, pois subestima o valor dos pais como parceiros. Estes podem e devem trazer inúmeras colaborações à escola, que tem por obrigação validar essas contribuições.

É possível a escola considerar pais como protagonistas do processo educativo; para isso basta considerar seu universo subjetivo, atentar para suas expectativas e ansiedades e aceitar as ricas contribuições que eles têm a dar.

Pais precisam ser ouvidos com escuta respeitosa e significativa. As possíveis posturas "invasivas" ou equivocadas podem ser transformadas em ricas oportunidades de elucidação, esclarecimento e orientação na busca por trocas substanciais que estejam a serviço do processo educacional. Aí reside uma grande competência que educadores devem preocupar-se em desenvolver.

O comprometimento das relações entre os pais e a escola se agravou possivelmente a partir do momento em que a escola, na ânsia de buscar eventuais apoios às suas ações, ou mesmo de manter clientes, abriu suas portas de forma indiscriminada aos familiares.

É fato que ao não estabelecer critérios e objetivos claros, não disponibilizou recursos que possibilitassem a real construção de relações de confiança.

Nesse sentido, a instituição escolar pode desempenhar importante papel educativo junto aos pais, abrindo suas portas a estes com o intuito de buscar parcerias significativas. É possível subsidiá-los com orientações e acolhê-los em relação às contribuições que possam dar. Aliás, a escola pode propiciar atividades que tragam o universo simbólico destes pais, proporcionando atividades em que eles possam expressar sentimentos, medos, ansiedades, inseguranças, expectativas, especialmente no que tange à educação de seus filhos.

É possível ajudar os pais a conhecerem melhor seus filhos em vários aspectos que envolvem sua relação com a aprendizagem.

É possível também incentivar esses pais na aquisição do conhecimento objetivo acerca de importantes temas que envolvem a realidade de seus rebentos, a saber: drogas, bullying, vestibulares etc.

Há necessidade de os pais perceberem que seus filhos, como qualquer ser humano se constituem afetivamente e cognitivamente com suas singularidades, diferentes inteligências e estilos cognitivo-afetivos, peculiaridades que precisam ser observadas respeitadas e validadas.

É preciso ajudar os pais a desenvolverem a atitude de acolher e encorajar seus rebentos, mesmo que sejam diferentes do que valorizam como estilos e inteligências.

É importante, porém, para o profissional da educação ter a postura de escuta, continência e encorajamento para com os pais, que, muitas vezes, mostram-se desorientados em relação a difícil tarefa do ato de educar numa realidade em constante transformação, e diante das diferenças que seus filhos revelam. Acredito ser também importante ajudá-los a perceber quão necessário se faz incentivar seus filhos a refletirem e agirem em relação a episódios que envolvam tomadas de decisões, atitudes e conflitos.

Isso não significa que pais devam se omitir em determinadas circunstâncias: Os pais devem e podem estar atentos a abusos, procurando, por exemplo, a escola com o intuito de dialogar sobre suas insatisfações e exigir ações desta em situações agressivas, constrangedoras, tais como *bullying*, ou atitudes desrespeitosas para com seu filho. Mas convém lembrar que as crianças que se fixam no sentimento de vitimização têm mais chances de desenvolver atitudes que favoreçam um circuito interminável não saudável entre a vítima e o algoz. Nesse sentido, as atitudes dos pais e da escola devem enfatizar a parceria, a busca de soluções adequadas, evitando que a criança desenvolva o sentimento de que a escola está "contra" ela.

Isso significa que pais podem evitar que o filho sinta-se vítima das circunstâncias ao não alimentar o sentimento de que há sempre alguém contra ele. Então a postura de estar ao lado do filho contra o outro, ou contra a escola, numa atitude de triangulação mal resolvida, pode estar a serviço de colocar o outro com sentimento de estar sendo protegido contra algo ou alguém. Tal postura pode vir a impossibilitar a atitude da criança ou adolescente de pensar sobre suas próprias responsabilidades em relação às suas ações, em relação aos diferentes episódios cotidianos.

Conflitos precisam ser mediados, não potencializados, e nossos meninos precisam ser encorajados a superá-los.

Pais podem optar por uma escola que tem como base as possibilidades da criança e, em conjunto com os educadores, fazerem-se protagonistas desta experiência de construção criativa e desenvolvimento da autonomia de seus filhos perante as adversidades. Uma escola nutritiva tem como foco a construção da autonomia, o olhar real para as diferenças, de forma a proporcionar ricas vivências, em que se desenvolvem mútuas confianças na construção em parceria. Desta forma, pais devem continuar na busca verdadeira de dar apoio à árdua tarefa que é educar em uma realidade caótica, difícil, mas que pode ser transposta com a colaboração de todos.

Pais acertam, mas também erram. São humanos, precisam estar atentos para não engrossar o caldo de cultura em que estão imersos; tal contexto se caracteriza pela estagnação, fragmentação, com potencializações do prazer imediato, da pseudogenerosidade, da moratória, dos controles, dos valores associados ao individualismo. Assim, pais também precisam ser orientados a se reverem em relação a algumas atitudes que podem comprometer a educação de seus filhos. Mas essa orientação precisa ser feita com respeito aos diferentes estilos e ao universo subjetivo de cada indivíduo na sua relação com o meio.

O educador e a escola necessitam compreender sobre a necessidade dos pais em relação à acolhida destes, que requer cuidados quanto a suas disposições e defesas.

Quando o acolhimento e a escuta surgem de forma significativa, os pais estão dispostos à trocar experiências que dizem respeito a orientações e diálogos com seus filhos . Cito, a seguir, duas situações simples e distintas, recortadas de minha experiência profissional, que ilustram o enorme desejo dos pais de proporcionarem o melhor para seus filhos. Pode-se observar que, na ânsia de evitar que seus rebentos passem por frustrações, acabam por abortar a possibilidade de eles viverem pequenas, mas ricas experiências, que poderão também ajudá-los a constituírem-se como indivíduos autônomos. Em ambos os casos, os pais podem e devem ser orientados quanto às possibilidades de lidar com tais questões, refletindo e repensando suas posturas e atitudes educativas.

Exemplo 1

Mãe leva filho de 6 anos para comprar um brinquedo para uma atividade na escola. Nem espera que a criança manifeste seu desejo, oferece a ele todos os brinquedos, lançando a pergunta: *"quer esse, quer aquele?"* A criança, indecisa, com a anuência da mãe, leva para a escola 4 brinquedos, pois não soube priorizar o que lhe foi pedido. Neste caso, a criança foi desencorajada a manifestar seu desejo. Está à mercê do desejo do outro, ou demonstra certa voracidade de objetos que lhe dão prazer, possíveis consequências de uma educação com base no consumismo e em princípios do prazer.

Exemplo 2

Uma púbere de 12 anos pouco falava de seus desejos. Tinha muito medo de decepcionar a mãe crítica, porém, sedutora. Ao revelar seu desejo de estudar arquitetura, é desencorajada pela fala da mãe: "Imagine essa área não dá futuro"; a menina cala-se, pois foi desencorajada a elaborar melhor seus sonhos e desejos. Não houve escuta, nem encorajamento a um desejo manifesto.

Nas duas situações, bem distintas, pode-se constatar que não houve real acolhimento e encorajamento, ainda que estas possam ter sido as reais intenções desses pais. Por vezes, na ânsia de se fazer o melhor, os adultos não deixam a possibilidade de expressão de desejos e sonhos legítimos do outro. Quando nosso olhar se volta, com profundidade, para as reais necessidades do outro, temos a chance de entender que ninguém pode ser privado de vivenciar escolhas, por mais simples ou complexas que estas possam parecer.

No primeiro caso, o pequeno não exercitou a simples opção de escolher algo em detrimento de outra coisa, de experimentar sentimentos de frustração.

No segundo caso, o desejo manifesto também não foi acolhido e a menina não foi encorajada a elaborar melhor seus sonhos. Estas são vivências ricas para o indivíduo desenvolver recursos para lidar com o externo, com os desafios que se apresentarão durante toda a vida, com a dor de uma perda, quando se faz opções.

Os exemplos dados acima, podem não ter a dimensão de situações que possam vir a prejudicar ou comprometer a constituição da identidade do indivíduo, pois esta depende de múltiplos fatores. Entretanto, dependendo do contexto, e este não tem sido favorável às nossas crianças e jovens, a soma de situações desta natureza pode interferir em atitudes que podem comprometer, inclusive em sua relação com o aprender.

Em muitos casos, na tentativa de compensar possíveis faltas, muitos pais procuram facilitar algumas situações. Na verdade, estes sofrem com a possibilidade de verem os filhos em contextos que julgam ser de sofrimento e, por vezes, acabam por ceder às investidas destes.

A depender de vários fatores, inclusive sobre o estilo de cada criança, as reações às intervenções não assertivas dos pais, podem ser diversas. Algumas crianças desistem de persistir, outras insistem diante de vontades superficiais e consumistas, muitas vezes através da utilização de sua inteligência interpessoal e/ou criativa para encontrar caminhos de acordo com suas conveniências.

Ouvi uma vez, um relato de um psicanalista sobre uma menininha que desenvolveu técnicas de persuasão infalíveis para fazer seu pai ceder a seus pedidos que envolviam coisas materiais de ordem do supérfluo, segundo os próprios pais da criança. Diante da negativa do pai, a menina se preparava para insistir quantas vezes fosse preciso.

Conta que uma vez insistiu por mais de" 70 "vezes, até o pai concordar em ceder no que ela queria. *"O segredo está em não desistir e ser carinhosa com o papai, dizia a menina"*. Acredito que este exemplo ilustre bem uma situação em que a criança testa seu poder de sedução e o coloca a favor da satisfação de suas vontades imediatas.

Creio que não se trata aqui de uma apologia que consiste em manter o não pelo não, ou mesmo de desvalorizar características e inteligências que as crianças possuem. No entanto, é necessário saber que há formas significativas de se canalizar talentos e inteligências para coisas produtivas.

Assim, é necessário saber que o indivíduo também precisa de nãos, de vivenciar frustrações, caso contrário, dependendo do contexto, poderá desenvolver a busca pelo mundo dos prazeres, e isto pode ser um convite para a busca incessante deste. Situações desta natureza também podem vir a interferir na relação das crianças em seu contato com a aprendizagem. A criança em questão parece possuir uma inteligência persuasiva a ser explorada com cuidados e atenção e que pode vir a ser muito produtiva em sua vida.

Pensando em auxiliar os pais a entenderem melhor a árdua tarefa de educar, elaborei algumas orientações que, acredito, possam lhes ser úteis. Estas se baseiam em questões trazidas pelos pais e que dizem respeito à orientação de seus filhos, e que surgem, de forma recorrente, em minha vivência como Orientadora educacional e Psicopedagoga em diferentes espaços em que exerci e exerço estas funções. Em hipótese alguma essas orientações têm a intenção de serem tomadas como verdades incontestes, sequer pretendem ser uma espécie de manual que procura dar dicas aos pais. Aliás, nada pode ser mais irritante do que manuais que pretensamente "ensinam" pais a educar os filhos. Isso depende de uma série de fatores, pois cada filho é único, e os pais também possuem concepções de mundo, estilos e valores diferentes entre si. Cada família possui seu ritmo, e há uma infinidade de conformações familiares, e, neste contexto, cada uma delas deve achar seu próprio jeito para educar suas crianças. No entanto, algumas premissas são muito importantes e elas pressupõem duas vigas fundamentais para uma educação equilibrada: acolhimento e encorajamento. É sobre isso que pretendo falar. Então ao pensar no filho ideal...

Comece por desidealizar seu filho. Observe as reais características dele e valorize-as.

Saiba que ser respeitado e validado em suas principais características é a principal vivência que ajudará seu filho a respeitar e validar o semelhante. Conselho nenhum supera a força desta experiência.

Seja rigoroso, não rígido.

Seja acolhedor, desenvolva uma escuta profunda para os sonhos de seu filho.

Evite subestimar seu filho pelo fato de não dispor dos atributos mais valorizados socialmente. Ele possui qualidades e potenciais enormes a espera de validação.

Busque qualidade nos encontros com seus filhos. Abra espaços para diálogo, e para vivências constituídas de amorosidade e trocas significativas.

Ajude-o a buscar as condições mais favoráveis para um melhor desempenho escolar. Lembre-se de que há indivíduos que aprendem, por exemplo, ouvindo música. Observe, entretanto se ele não está desviando sua atenção apenas para a música. Há também aqueles que precisam de silêncio para poder aprender. Há os que rendem mais estudando sozinhos, outros preferem estudar em grupo. Não há certo nem errado, há o mais adequado para cada pessoa.

Não faça seu filho decorar manuais de como estudar, mas ajude-o a pinçar informações que podem ser adequadas a ele.

Críticas do tipo: como você é desorganizado, estabanado, você é mesmo atrapalhado, só colaboram para que ele crie um mito pessoal pejorativo a respeito de si mesmo. Então procure subsidiá-lo em suas principais dificuldades, falando sobre elas com naturalidade e apontando caminhos possíveis. Não se esqueça, porém, de que os indivíduos possuem características próprias que precisam ser valorizadas. Procure se desvencilhar dos padrões sociais estabelecidos para melhor perceber o estilo de seu filho.

Incentive seu filho em atividades que auxiliem no desenvolvimento de sua consciência corporal. Neste aspecto, esportes, atividades físicas, vivências, atividades artísticas podem fazer a diferença.

Se o seu filho se sentir bem com uma postura que predomine a introversão, por exemplo, não procure incentivá-lo a ser o indivíduo mais extrovertido do mundo. Lembre-se de que o valor da extroversão em nossa sociedade atual é dado por padrões culturais que procuram valorizar algumas características de excessos de comunicações voltadas para o externo em detrimento de outras. (Certifique-se, entretanto, se ele possui uma atitude, por exemplo, excessivamente tímida que pode estar lhe fazendo sofrer; a partir daí busque ajuda.)

Seja solidário com seu filho, escute-o e seja continente para suas dores, mas não procure poupá-lo do contato com dificuldades que, eventualmente, se apresentem em seu cotidiano. Incentive-o a buscar caminhos para superar suas próprias dificuldades. Observe, entretanto, se ele possui recursos suficientes para lidar com determinadas situações que envolvem humilhação, subjugo, como o *bullying*, por exemplo, que, muitas vezes, requer o acompanhamento e a intervenção direta dos pais na busca de soluções para o problema.

Abdique da postura de pseudoescuta do *"fala que eu te escuto"*. Ao escutar, valide e respeite os argumentos trazidos por seu filho. Não caia na postura de dizer: "querido, eu te ouvi, mas não é nada disso do que você está dizendo: é isto, isto, isto, isto..." Valorize seu universo subjetivo, suas opiniões, seu estilo de ser no mundo, seus sonhos e expectativas. Pondere com ele sobre as possibilidades e os limites das coisas.

Observe o estilo de seu filho ao lidar com o conhecimento: se é mais criativo, mais intuitivo, se gosta de atividades práticas, ou se é mais da lógica matemática; se possui uma inteligência linguística diferenciada: lembre-se que existem diversos estilos e múltiplas inteligências e que estas ao serem valorizadas podem ser portas de entrada para se adentrar um universo amplo e rico em possibilidades para o desenvolvimento de muitas outras habilidades.

Converse com os profissionais especialistas da escola a respeito do estilo de seu filho.

Observe as causas que levam seu filho à desatenção excessiva. Atente, porém, para o fato de que há pessoas que se utilizam de uma atenção mais global, em busca das associações e relações com o todo e não com os detalhes. Isso não significa que ele não possa ser estimulado a desenvolver outras características que ainda não possui, e que podem ser importantes subsídios na sua relação com o mundo.

Lembre-se de que vivemos num mundo onde milhares de estímulos externos bombardeiam nossos jovens, estimulando uma atenção flutuante que busca a simultaneidade de atividades, mas que não aprofunda foco em detalhes, em partes mais específicas. Por isso, procure desenvolver atividades que o requisitem para trabalhar mais o foco de atenção, sempre respeitando e procurando observar o que é característica própria dele. Entretanto, se a questão da desatenção está comprometendo substancialmente seu cotidiano, veja se é o caso de buscar ajuda especializada.

Saiba que a neurociência tem apontado para pequenas atividades que podem auxiliar no desenvolvimento de maior capacidade de atenção.

Comece desde cedo a incentivá-lo a guardar seus pertences, arrumar sua cama, não deixar o tênis jogado pela casa. Evite guardar e deixar que outra pessoa guarde os pertences de seu filho. Essa é uma tarefa que ele precisa aprender a desenvolver desde tenra idade.

Nunca frustre um sonho legítimo de uma criança!

Deixe a postura exageradamente crítica de lado.

Adote a postura do encorajamento, mas certifique-se de que os recursos necessários para que ele supere obstáculos estejam à sua disposição. Não coloque desafios impossíveis de serem alcançados, mas também não subestime a capacidade de superação de seu filho.

Procure incentivá-lo a resolver pequenos conflitos.

Não faça comparações, principalmente se for entre irmãos.

Reconheça, valide, elogie suas habilidades, estilo e características. Não perca tempo em lamentar o fato de seu filho não estar inserido no padrão idealizado pela sociedade.

Faça crítica a ações inadequadas, como o desrespeito ao outro por meio de ofensas e humilhações. Auxilie-o no desenvolvimento de valores universais, tais como a solidariedade, o respeito a amorosidade, a ética.

Ajude-o a desenvolver o bom humor e a leveza nas relações interpessoais, aprendendo inclusive a não ser inflexível consigo e com o outro.

Mostre o lado bom e o mais difícil da vida. Assim ele desenvolverá uma visão ampla da realidade em que está inserido. Incentive-o a participar de projetos sociais para que ele possa exercer seu lado solidário e seu potencial afetivo. Não o faça se sentir o máximo, acima do bem e do mal. Evite que ele desenvolva sentimento de ser especial, mas não deixe de dizer o quanto ele é importante para você e de elogiar suas qualidades. Diga a ele o quanto o ama! Faça-o perceber que todos têm limites. Não diga que ele "pode tudo" e nem infle seu ego com excesso de elogios. Elogie, entretanto seus esforços, suas conquistas, suas habilidades, seu estilo, e suas atitudes nobres.

Faça-o compreender que está inserido num mundo desigual, que pode ser, por vezes, perverso, mas que isso não deve ser usado como justificativa para culpabilizar o externo ou o outro por eventuais fracassos; seu filho poderá desenvolver sentimento de vitimização e isso poderá ser impeditivo para que ele se reveja em diversas situações. Oriente-o, entretanto, a se posicionar em relação a todos os tipos de injustiças, de forma a abrir espaço para superá-las.

Diga a ele que não é preciso depreciar o valor do outro para ser validado.

Faço-o compreender que ele faz parte de um todo, composto por diferentes partes, e que há lugar para o reconhecimento de todos.

Não o prepare para um mundo competitivo predador, mas ajude-o a mobilizar seu potencial para superar dificuldades por meio de atitudes saudáveis, com o viés produtivo e cooperativo.

Incentive seu filho a criar hábitos de leitura. Se for preciso, comece por gibis, reportagens sobre futebol e tudo que se inserir em seu universo. Aos poucos, vá ampliando para leituras mais elaboradas.

Evite sermões punitivos que enfatizem o quanto você sofreu, batalhou e se sacrificou para chegar onde está. Ele pode até entender, mas para desenvolver recursos próprios para crescer como pessoa independente, autônoma e batalhadora, é preciso que vivencie. Incentive-o a vivenciar diferentes situações e a resolver seus próprios conflitos. Esteja, entretanto à disposição para eventuais ajudas.

Delegue a ele algumas responsabilidades; oriente-o guardar os sapatos, as roupas, e todas as bagunças jogadas pela casa; isso o ajudará no estabelecimento de rotinas, e a lidar melhor com organização e a desenvolver senso de responsabilidade para com seus pertences.

Não o faça sentir que ajudar o próximo o elevará a um *status*; cultive nele o valor da solidariedade e cooperação, e faça-o perceber o quanto também se beneficiará da atitude de ajuda ao outro.

Escolha atividades para seu filho ouvindo os próprios interesses e desejos dele.

Não vá a escola brigar em defesa de seu filho, pois isso pode desenvolver nele a percepção de que está sendo vítima. Busque a escola para parcerias, inclusive para tecer críticas e buscar soluções, sempre com o intuito de selar relações pautadas em confiança.

Procure uma escola nutritiva, que valorize relações pautadas no confiar, ricas vivências, o universo simbólico dos sujeitos, a criatividade no diálogo com o pensamento lógico. Não considere que, pelo fato desta escola promover festivais, seu filho está sendo contemplado na criatividade. Lembre-se que a arte deve estar em todas as instâncias e propostas da escola, inclusive na própria sala de aula, na aula de história, geografia, matemática, entre outras.

Frustre seu filho no que for necessário apontando, de forma crítica, vontades superficiais que se traduzem, por exemplo, em voracidades consumistas; mas não frustre o que não deve ser frustrado como desejos legítimos traduzidos por sonhos, ideias e planos.

Estabeleça regras claras, mas faça uma revisão para ver se não errou a mão. Aos poucos, vá negociando horários de saída, mas lembre-se de que a autoridade é você.

Não o coloque numa gaiola de ouro, cheio de cuidados; deixe-o cair e levantar, resolver seus conflitos com colegas, ter a iniciativa de conversar com o professor; observe, entretanto, se a relação é desigual, se está trazendo sofrimentos que seu filho não sabe lidar e intervenha, se necessário.

Ajude-o a desenvolver a autoestima, valorizando seu estilo, seu jeito de ser, validando seus sonhos, encorajando-o na realização de projetos; seja empático procurando aceitar seu filho como ele é, expressando consideração positiva por ele.

Ajude-o a desenvolver senso de responsabilidade; nunca faça dever de casa para ele. Auxilie-o, entretanto em relação às dificuldades legítimas.

Quando seu filho estiver na idade ideal, estimule-o a fazer estágio para que possa ter um aprendizado vivencial significativo.

Incentive-o a pesquisar preços, caso queira adquirir algum objeto material; ensine-o a dar o devido valor ao dinheiro.

Desestimule-o, entretanto, a desenvolver uma postura excessivamente consumista.

Não cultue um mundo ideal, pois seu filho precisa de recursos para transformar o mundo real, que é feito de alegrias, mas também de mazelas e obstáculos.

Oriente-o quanto à segurança e defesas pessoais, mas evite criar pânico diante de situações indesejadas de violência e caos. Não alimente atitudes paranoicas em seu filho.

Seja continente, ouça-o, mas não seja invasivo; procure controlar a ansiedade, tão presente nos pais; respeite e não faça muitas perguntas inadequadas, mas coloque-se como escuta acolhedora.

Evite alimentar em você sentimentos de culpa em relação à forma como educa seu filho; procure amar-se e amar seu filho do jeito que você pode, respeitando também seus próprios limites.

Porém, se reveja sempre que possível.

Ensine-o a respeitar o outro, os animais e a natureza.

Ajude-o a desenvolver o senso crítico e a visão ecossistêmica de preservação ao planeta, e o senso de responsabilidade com o coletivo.

Tenha compaixão por seu filho em situações que sejam dolorosas para ele, porém, não sinta "pena" de seu filho. Caso aconteça, por exemplo, uma separação familiar, mostre a ele que isso pode acontecer com qualquer pessoa, e que essa situação não é impeditiva para a circulação do amor que se pode devotar a ele.

Valorize sua família nos moldes que ela se constitui; não existe modelo certo de família. O importante é que ela seja constituída por respeito e formada na base da confiança mútua.

Não o ensine a conjugar o verbo tolerar, que pressupõe suportar o outro, mas sobre o verdadeiro respeito pelas diferenças.

Evite carregar suas malas escolares, a não ser que ele tenha problemas de coluna; procure ajudá-lo a otimizar o que é necessário para organizar seu material.

Reflita com ele sobre questões mundiais, procurando desenvolver o espírito crítico.

Vá ao teatro, ao cinema, se preferir, assista à TV com seu filho: aproveite para discutir com ele os teores preconceituosos ou discrepantes que esta possa veicular. Evite passar lição de moral sobre os conteúdos inadequados que estas possam trazer, mas procure construir com ele reflexões acerca dos diferentes temas. Procure saber a opinião dele, fazendo-lhe perguntas a respeito dos diversos assuntos.

Mostre a realidade injusta em que ele vive, mas subsidie-o a reunir condições para transformar situações injustas, desenvolvendo atitudes pertinentes, ao invés de se vitimar.

Coloque desafios possíveis e, quando for muito grande o fardo, ajude-o a estabelecer prioridades.

Procure não dar ênfase e nem potencializar os problemas, tampouco tente tirá-los do caminho de seu filho; apenas incentive-o a superá-los. Se precisar, oriente-o quanto a caminhos a seguir.

Vá a reuniões escolares, sempre com o intuito de somar, colaborar. Seja um educador de si mesmo. Ajude também a escola a ampliar seu universo quando achar que esta é limitada em proporcionar ao seu filho vivências significativas.

Não o poupe de contato com vivências que possam ser conflituosas, mas acolha a sua dor quando esta for real.

Questione aquele velho manual que tanto serviu para você estudar. Se seu filho gosta de estudar com música, por exemplo, ou realizando atividades simultâneas, apenas certifique-se de que este hábito não está tirando-lhe o foco. A ideia é valorizar o estudo e os benefícios que o conhecimento traz. Oriente-o, entretanto, se ele estiver perdido, desatento, ou caso precise de um de um lugar silencioso para realizar suas tarefas. Procure dar a ele subsídios para que encontre seu próprio jeito de estudar. Esqueça a postura de querer provar quem manda. Você é autoridade, mas é capaz de estabelecer relações horizontalizadas, sem autoritarismos, baseado em escuta acolhimento, diálogo e amorosidade, mas também em limites.

Saiba que, quando frustramos nossos filhos, mas o acolhemos com amorosidade, não corremos o risco de perder o amor e a admiração deles.

Então, para finalizar, busque sempre que possível equilíbrio entre acolhimento e encorajamento, sem abrir mão dos limites necessários. Mas, simultaneamente aos cuidados com seus filhos, procure se ouvir, se ver, se rever, e respeitar-se.

Procure não alimentar sentimentos de culpa e lembre-se de que você é o pai ou a mãe que pode ser. Busque, entretanto, ajudas significativas, inclusive para você mesmo; contate pessoas que possam lhe acolher e encorajar. Este é o caminho para a construção de ricas relações humanas.

Capítulo VII

Os professores e o resgate da autoestima

" *O velho sábio: Representado por um velho solitário é o mais determinante dos arquétipos!"*
O arquétipo do mestre aprendiz nos mobiliza a vivenciar um momento mágico, onde professor e aluno constroem o saber.
Byington

Todo professor tem amor pelo que faz. Todo professor, em seu âmago, abriga um arquétipo que representa o amor pela sabedoria e pelo outro. Os arquétipos do mestre-aprendiz e do velho sábio ligam-se ao saber, ao conhecimento e podem representar a essência, a alma dos educadores.

O arquétipo do mestre aprendiz traz a vocação para transmitir o saber, difundi-lo e partilhá-lo com outras pessoas (BYINGTON, 2003). *O arquétipo do velho* é o arquétipo da sabedoria ligada à consciência universal. "[...] *o velho assinala a sua missão que é sempre a de cumprir uma ação mediadora. Cada um dos seus gestos, a sua aparência, o momento em que intervém na cura, colocam um par de valores relativos à luz de uma verdade total"* (Georges Romey).

O velho sábio é um símbolo muito presente no imaginário da cultura greco-romana e oriental e uma figura correspondente que pode ser traduzida pela alma do verdadeiro educador. Associa-se ao sábio a figura que desperta a admiração e o respeito de todos os homens, por sua sapiência, seu amor ao próximo, sua dedicação por tarefas que engrandeçam a humanidade.

O arquétipo do mestre aprendiz nos fala da relação construída entre educador e educando, cuja ênfase está nas relações de qualidade e de troca mútua. Nesta relação, é perceptível o fascínio do brilho nos olhos do educando e do professor na busca pela construção do conhecimento.

Todo arquétipo, entretanto, pode incluir polaridades. Arquétipos podem ser vivenciados de forma positiva ou negativa, dependendo das condições do processo de elaboração simbólica do sujeito. "Em face da natureza polar do arquétipo do mestre-aprendiz, comum a todos os arquétipos, o professor que se identificar exclusivamente com o polo daquele que sabe e depositar o não saber no aluno, estará adotando unicamente a posição polarizada no ensino, o que limitará qualquer intenção construtivista que, porventura, tenha" (BYINGTON, op. cit., p.121).

Ante determinadas circunstâncias presentes na cultura e na sociedade, pode ocorrer um contexto desfavorável à construção de ricas relações que envolvem educadores e educandos. Essas relações, entretanto, podem ser muitos saudáveis ao nos depararmos com a essência do mestre, que também precisa ser validado, acolhido, reconhecido e respeitado.

O mestre permite aos seus discípulos se tornarem mestres de si mesmos. O verdadeiro mestre media e auxilia o outro na busca por recursos próprios. O verdadeiro mestre escuta e se faz ouvir. O verdadeiro mestre está conectado com as necessidades reais do outro. Pode até ser simpático, mas é, antes de tudo, empático por buscar relações de confiança e respeito ao aprendiz, tendo em vista a busca do saber, apresentando o conhecimento como um todo e não em fragmentos.

O Mestre é consciente da importância desta relação Mestre-aprendiz no processo de aprender e sabe que pode fazer a diferença para cada um de seus discípulos, deixando marcas significativas no processo do desenvolvimento de quem aprende.

O mestre sabe que exerce uma função significativa como parte da aprendizagem que reverbera no todo.

O mestre está aberto a trocas profundas. Para além dos importantes conhecimentos nas áreas de psicologias do desenvolvimento, linhas didáticas e metodológicas e dominar conceituações, ou deter conhecimento sobre como trabalhar habilidades e competências, o verdadeiro mestre ama, acolhe, encoraja.

O mestre possui humildade para reconhecer suas falhas, e coragem para buscar subsídios que lhe ajudem a acompanhar as transformações sociais e a desenvolver seu ofício com qualidade. Ele ensina, aprende, ouve, escuta, valida, valoriza, imprime desafios; também frustra, mas é capaz de enxergar o outro em suas fragilidades, medos, inseguranças e também em seus potenciais.

O mestre disponibiliza recursos para o outro alçar sua autonomia. Sua importância não pode ser subestimada, a despeito das vicissitudes e das mazelas da realidade a que todos estamos sujeitos.

Na verdade, a admiração coletiva pela figura do mestre tem sido mascarada pela realidade da nossa cultura atual, que veicula certo menosprezo pela figura do professor. Professores têm sido elevados à categoria de bodes expiatórios, sendo responsabilizados, muitas vezes, por fracassos escolares, que, na verdade, também dependem de ações que extrapolam sua ação em sala de aula, embora esta seja muito importante.

Mesmo em instituições que remuneram bem, ou têm planos de carreira, ou oferecem curso de capacitação, não é difícil nos depararmos com professores com sentimento de baixa autoestima e desencantados com a educação. Por defesa, estes acabam por também dirigir suas críticas pelo eventual fracasso da educação à família, aos educandos ou mesmo à mídia, à cultura, buscando, de certa forma, repassar o ônus que lhes é imputado, alimentando assim uma roda-viva de acusações. Tal postura lhe impede de desenvolver o olhar crítico para o todo, a visão sistêmica que busca soluções para problemas pelo prisma de múltiplos fatores.

O professor é, sim, parte deste todo, e também desempenha seu papel, mas precisa ouvir e ser ouvido, ver e ser visto pela ótica do olhar fenomenológico, que enxerga além das aparências, o potencial que cada indivíduo traz no movimento de "vir a ser".

As visões fragmentadas têm levado a percepções caóticas acerca das causas que fragilizam a educação. Não raro, o discurso saudosista de que "no meu tempo que era bom", vem à tona, e o sentimento de inapropriação e desolamento ressurgem. Eventualmente, há o sentimento de vitimização ou de revolta. Nesse cenário, muitos professores adoecem, poucos estão realizados e se sentindo valorizados e alguns abandonam a educação.

Então, fica evidente a necessidade das melhorias de condições do professor, em termos de infraestrutura, bons salários, bons cursos, que carecem de reestruturação e busca de foco pertinente. Mesmo as iniciativas que se pretendem capacitadoras, subestimam o olhar para o resgate de algo absolutamente necessário, que é a valorização do mestre, sem perder a essência associada a alma deste. Em geral, cursos pretendem subsidiar professores com informações a respeito da educação, da psicologia do desenvolvimento, dos elementos da cultura a interferir na aprendizagem, como trabalhar habilidades e competências. Para além destes subsídios valorosos, há a urgente necessidade de se resgatar a autoestima deste profissional. Porém, esta ajuda não se refere apenas a elementos externos da esfera do conhecimento objetivo, mas a necessidade do autoconhecimento, da elevação da autoestima, da escuta interior e do acolhimento real.

O professor, tanto quanto todos os envolvidos no processo educacional, deve ser acolhido e encorajado, subsidiado a olhar e escutar o outro, mas também tem necessidade de ser escutado, olhado e respeitado para aprender a se escutar, se olhar e se respeitar. Professores merecem estar na trilha da construção de relações de confiança.

A mídia televisiva tem veiculado campanhas enaltecendo a figura do professor e que tem a intenção de resgatar a dignidade deste profissional, tão esgarçada pela cultura atual.

Quando campanhas como estas são veiculadas, a intenção é acionar no imaginário coletivo a admiração que todos nós, de uma forma ou de outra, alimentamos em relação à figura daquele que se dedica ao saber. Entretanto, para além de campanhas, que também são importantes, e dos recursos materiais necessários, há a necessidade de um grande acolhimento que se traduz por uma escuta significativa à figura do professor, em sua trajetória que requer um olhar para a subjetividade e as qualidades simbólicas deste professor-Mestre. Todos os seguimentos que se preocupam com a educação podem e devem colaborar com a valorização do importante papel do professor em nossa sociedade.

Tenho algumas experiências em minha trajetória profissional de trabalhos que se propuseram, por meio de expressões do universo simbólico dos professores, a resgatar os sentidos e significados milenares e contemporâneos dos arquétipos ligados ao conhecimento que habita em cada um.

Uma destas experiências se caracterizou por um trabalho com mitos e acionou o arquétipo do curador ferido. Trata-se do apaixonante Quíron (anexo o mito), figura da mitologia grega representada por um Centauro e que tornou-se um sábio nas ciências e nas artes.

Quíron, que vivia rodeado de discípulos diversos, era responsável por educar heróis nas artes da medicina e da música; sua prática educativa tinha como base os dons individuais que identificava em cada um deles. Ele também simboliza a alma de pessoas que se dedicam à cura, como médicos, terapeutas; habita em cada um de nós educadores!

"Curador e professor, o mito encerra todos esses significados: *ele luta contra a natureza ao colocar-se contra a morte e, como educador dos heróis, participa da ampliação da consciência*". Sua própria figura teriomórfica, meio cavalo, meio homem, carrega os dois opostos, natureza animal e natureza espiritual,

Sua "promoção à constelação" (Sagitário) realça o ideal de espiritualização (Paul Mitchel, *The Reiki Magazine International*).

A referida experiência, realizada com professores de uma instituição educacional, foi rica pois possibilitou aos participantes a identificação com o mito e o diálogo com elementos do universo interno, e desembocou em reflexões sobre suas práticas profissionais presentes e futuras.

Outra experiência significativa que gostaria de compartilhar diz respeito a um projeto educativo que desenvolvi, quando atuava como professora universitária, com aprendizes do curso de Pedagogia, nas disciplinas de Ludoeducação e Filosofia da educação (2004). A intenção do projeto era propiciar ricas vivências às nossas estudantes, futuras educadoras, com base em uma prática que envolvia uma comunidade carente.

O projeto, intitulado "Brincando com as dificuldades", descrito de forma mais minuciosa no capítulo IX, já demonstrava minha enorme preocupação com a formação de futuras educadoras. A ideia era aproveitar de forma prática, e vivencial, conceitos vistos em sala de aula. As estudantes, sob minha supervisão, atendiam crianças com dificuldades de aprendizagem de escolas de periferia e também a seus pais.

Os encontros entre os pais das crianças favorecidas pelo projeto e nossas futuras professoras foram providenciais no sentido de proporcionar a todos ricas vivências. Supervisionadas por mim, as estudantes realizavam orientações a pais visando o acompanhamento destes no aprendizado de seus filhos. Além disso, desenvolviam atividades (lúdicas, com recursos da arteterapia) com os referidos pais, facilitadas pelo diálogo com símbolos e representações que habitam o universo destes.

Com as próprias estudantes, a experiência mais rica também focalizou diálogos com expressões simbólicas envolvendo a subjetividade na aprendizagem. Em outras palavras, as aprendizes podiam, pelo exercício de escuta interna, reviver e simbolizar ricas experiências que possibilitavam evocar situações significativas, carregadas de subjetividade sobre suas próprias aprendizagens, passadas e presentes. Para estas atividades contei com uma supervisão especial da Dra. Eloisa Fagali, que me subsidiou em diversas atividades que envolviam arteterapia, dinâmicas e vivências.

Concluo que, sem dúvida, é preciso olhar com acolhimento para a figura do Mestre professor, e buscar recursos possíveis para favorecê-lo em sua formação, pois, desta forma, terá melhores condições para exercer sua função com dignidade e o reconhecimento devido. Nos capítulos que se seguem, procuro trazer algumas contribuições nesse sentido e focalizo alguns elementos que interferem na composição do quadro educacional atual. Discorro sobre os paradigmas vigentes na educação, e também apresento com maiores detalhes este que foi um importante projeto em minha trajetória como educadora, o "Brincando com as dificuldades".

Anexo

O mito de Quíron

O mito de Quíron se passa nas planícies da Tessália, região ao norte da Grécia, com o encontro entre Cronos (Saturno, o deus do tempo) e a ninfa Filira. Atraído pela beleza da ninfa, o deus passou a persegui-la, e Filira, para escapar a seu assédio, transformou-se numa égua. Mais esperto, Cronos assumiu a forma de cavalo e assim, conseguiu unir-se a ela. Dessa união nasceu Quíron, o Centauro, com torso, braços e cabeça de homem e corpo e pernas de cavalo. Horrorizada ao ver o monstro que gerara, Filira suplicou aos deuses que a transformassem numa árvore, desejo que foi prontamente atendido.

Rejeitado e abandonado pela mãe, e sem jamais ter conhecido o pai, Quíron foi adotado por Apolo, o deus da música, da poesia, da medicina e das profecias, que lhe transmitiu muitos e ricos ensinamentos. Assim, sob a tutela de Apolo, Quíron tornou-se um sábio em inúmeras artes. Sua fama espalhou-se pela região, e logo ele estava rodeado de discípulos, entre eles, os próprios Centauros, seres rebeldes e belicosos que habitavam o Monte Pélion, os filhos dos governantes dos pequenos reinos das proximidades, e numerosos heróis gregos, como Aquiles, Hércules, Ulisses e Jasão.

Versado em medicina, botânica, astrologia, astronomia, ética, música, adivinhação e ritos religiosos, Quíron educava os jovens heróis com base nos dons individuais que identificava em cada um deles, preparando-os para que pusessem em prática seu potencial mais elevado e cumprissem seu destino.

A Asclépio, por exemplo, ensinou os segredos das ervas medicinais e da cirurgia, fazendo-o desenvolver seus poderes de cura, pelos quais o discípulo viria a ser imortalizado.

A Aquiles deu aulas de cítara, além de instruí-lo para que se tornasse inteligente, corajoso e forte. E incentivou Jasão, príncipe herdeiro da cidade de Lolco, mas criado por ele desde criança, a partir para sua terra e reclamar o trono que lhe fora usurpado.

Quíron já estava velho quando, certa vez, convidou o ex-discípulo Hércules para jantar. Os demais Centauros, que também estavam presentes, começaram a brigar entre si e foram atacados a flechadas pelo visitante. Hércules errou o alvo de uma das flechas, envenenadas com o sangue da Hidra de Lerna — monstro contra o qual lutara num de seus célebres trabalhos —, e atingiu Quíron na coxa, causando-lhe uma grave ferida. Em consequência disso, o mestre passou a sofrer incessantemente: não conseguia curar o próprio ferimento, apesar de suas habilidades curativas, e tampouco podia morrer, por ser imortal.

Finalmente, após muitos anos, Quíron conseguiu se livrar de sua agonia, graças a uma troca de destino com Prometeu. Este titã fora acorrentado a um rochedo por Zeus, como castigo por ter roubado o fogo dos deuses para dá-lo aos homens. Como Quíron, ele também estava condenado a uma tortura eterna, pois todos os dias uma águia lhe bicava o fígado, que se recompunha a cada noite.

De acordo com as ordens de Zeus, Prometeu só poderia ser libertado se um imortal se dispusesse a ir para o Tártaro (um dos infernos) e lá permanecesse, renunciando à sua imortalidade. Convencido por Hércules, que intercedeu a favor do antigo mestre, Zeus concordou com a troca. Assim, Quíron tomou o lugar de Prometeu e finalmente morreu. Depois de nove dias, foi imortalizado, na forma da constelação.

Fonte: http://www.comentada.blogspot.com/

Capítulo VIII

1. Sobre os paradigmas da razão humana

"Há ainda presente em nossa realidade a procura de garantias de certezas e de respostas inquestionáveis pela presença de uma racionalidade cega, doutrinária, que obedece a modelos mecanicistas e deterministas, procurando impedir o diálogo com o real. É um racionalismo que ignora a subjetividade, a afetividade, o ser humano em sua essência".

(Edgar Morin)

A razão humana faz toda a diferença. É um importante instrumento para o estabelecimento de uma relação equilibrada com o mundo, e respalda o homem a reconhecer-se em sua individualidade e compartilhar características comuns à espécie. Desta forma, o indivíduo pode constituir-se como um ser social, coletivo, entendendo-se como parte de um todo maior.

A preocupação em entender como se dá a relação sujeito x objeto e a inteireza humana é deveras antiga. No Ocidente, remonta à civilização grega, que influencia tremendamente as concepções paradigmáticas até hoje presentes em nossa sociedade.

A racionalidade de Platão, a lógica e o empirismo de Aristóteles influenciaram grandes pensadores da idade moderna tais como Descartes e Leibniz que elevaram a matemática à categoria de modelo ideal para o conhecimento confiável. Empiristas como Locke afirmam que o mundo exterior é por nós entendido por meio de nossos sentidos. A idade moderna trava um embate significativo entre primado do sujeito e do objeto, e alimenta cisões nas formas de conceber e entender a condição humana.

"O homem é uma reta, Deus uma curva"

Kepler

Kepler, importante astrônomo do século XVI e ícone da ciência moderna, procurava conectar o pensamento racional científico com a espiritualidade. "Este cientista associava a visão grandiosa do universo à contemplação divina que procurava estabelecer por meio de fórmulas matemáticas, mas sustentava que o entendimento do universo poderia ser encontrado nos mistérios harmoniosos da geometria, e não nas propriedades da matemática. Para ele a busca da esfera celeste era 'A busca de Deus.'" James A.Connor. *A bruxa de Kepler*, 2006.

Vários outros cientistas pensadores da Idade Moderna, tais como Descartes e Leibniz, guardavam uma intensa espiritualidade que procuravam não dissociar de sua visão racional. Como então entender as profundas cisões que marcaram nossa civilização? Entre essas cisões, destacam-se o abismo entre ciência e espiritualidade, ainda presente em nossos dias, e a força hegemônica do pensamento lógico-matemático, cartesiano que ainda influencia o pensamento científico, inclusive as ciências sociais e as filosofias.

1.1 - O resgate da totalidade de forma dinâmica e dialógica

"Pinte bem a sua aldeia e você pintará o mundo".

Tolstoi

De fato, a história do Ocidente é constituída por episódios que fragmentaram o homem. Edgard Morin nos fala sobre o grande paradigma do Ocidente, que pode ser responsabilizado pela disjunção sujeito "x" objeto, e também pelo aviltamento de importantes características do indivíduo, levando-o a uma extrema racionalização.

Há, segundo o autor, um distanciamento entre razão e emoção. Neste contexto, a existência não dialoga com a essência, logo, não há uma conscientização do homem em relação à sua condição planetária. "A análise dos problemas que envolvem a condição humana não alcança a pluralidade, a concepção de rede, a visão de conexão com o todo" (MORIN, 2000).

Ao contrário, mantém-se a visão de causa única para explicar tais questões. Neste âmbito, as certezas são sempre buscadas, a possibilidade do diálogo com as diferenças é pulverizada e as incertezas são descartadas.

Neste contexto, características humanas, tais como a intuição, a subjetividade, a sexualidade, a agressividade são relegadas à condição de comportamentos exóticos, quando não condenáveis, e que por isso precisam, muitas vezes, ser reprimidos e até banidos do comportamento humano. Além disso, mitos e crenças se cristalizam e o senso comum se distancia da possibilidade de estabelecer um diálogo com a ciência.

Então questões urgentes se apresentam. "Como aprender a rejuntar parte e todo, como buscar uma postura de diálogo entre diferenças, entre diferentes itinerários que precisam se cruzar? Como promover o encontro entre o material popular e o erudito, ciência e poesia, alma e corpo"? (MORIN, 2000.) De fato isso nos remete ao conceito de totalidade. Mas como buscá-la sem cair na visão de totalidade como algo adquirido e sim como uma utopia a ser buscada a partir de um movimento de aproximação e distanciamento, num processo que pressupõe o diálogo com as diferenças?

Como buscar esse movimento diante de uma realidade cultural que tende a levar o ser humano à fragmentação *"[...] subordinando-o às organizações coletivas cujos macrointeresses facilitam a alienação distanciando o indivíduo de sua verdadeira rota como ser humano?"* (MORIN, 1999).

A busca por uma práxis profissional que dê conta de incluir a diversidade humana numa realidade tão restrita, fugindo das posturas mais tradicionais, porém sem se tornar refém de discursos banalizadores, torna-se possível. No entanto, é preciso crer que a esperança não é algo piegas, mas que deve ser resgatada e somada a um exercício de observação de movimentos existentes na própria cultura.

Concebe-se que na própria cultura existem movimentos de resistência ao *status quo* instalado, que podem ser portas de entrada para uma transição em meio a um aparente caos, a uma desordem vivida. É, pois, buscando brechas na própria cultura que podemos vislumbrar sinais e possibilidades reais de ação.

Busquemos, então, a colaboração de diferentes teóricos que se baseiam nessa visão dialógica, nesse movimento da busca do encontro entre opostos, ampliando as concepções científicas acerca das condições do homem e do conhecimento.

a) As contribuições das ciências sociais

Em *O método*, Edgard Morin argumenta que o pensamento da inclusão só ocorrerá à medida que superarmos a questão da fragmentação dos pensamentos existentes na cultura. Segundo o autor, há o pensamento dominante de caráter racional/ lógico/empírico que não dialoga com o simbólico/mitológico/ mágico. Estes pensamentos geram dois tipos de conhecimento, respectivamente, "[...] *o lógico explicativo e o metafórico imagético, que devem dialogar e aproximar-se, com o intuito de buscar a totalidade do conhecimento, o que via de regra não ocorre na educação, pois esta prioriza o lógico-explicativo em detrimento do outro*" (MORIN, 1999).

Morin acredita em caminhos possíveis e fala das condições de complexidade cultural que comportam pluralismo, trocas, e desvios. "*É nessas condições que certos espíritos pouco marcados pelo imprinting sociocultural (o poder absoluto dos paradigmas, dos preconceitos, doutrinas, intimidações, conformismos) dispõem de certa autonomia em relação aos modos de pensar dominantes, aos preconceitos, às intimidações, aos diversos conformismos e assim escapam aos hábitos e viseiras mentais*" (1999).

Boaventura Souza Santos (2003) aponta a necessidade do real diálogo entre ciências naturais e sociais. Tal relação visa a quebra da extrema racionalização ainda existente em nossa sociedade. Acredita que a questão da cisão do homem com a natureza impede uma visão de totalidade, que considera a necessidade da compreensão do homem de que é parte de um todo. Boaventura cita as novas descobertas das ciências, tais como "a teoria da relatividade de Einstein" que "[...] introduz na matéria os conceitos de historicidade e processo, de liberdade, de autodeterminação que antes o homem e a mulher tinham reservado para si, mas que agora parece se lançarem na aventura de conhecer objetos mais distantes e diferentes de si próprios, para uma vez aí chegados, se descobrirem refletidos como num espelho" (SANTOS, 2003). Refere-se, a partir daí, ao surgimento de UM PARADIGMA EMERGENTE, sustentado pela ideia de que "[...] todo conhecimento científico natural é científico social".

Na esteira de novas descobertas das ciências, tais como física, biologia, o mesmo autor cita o interesse de Capra sobre as ideias de sincronicidade de Jung, para explicar a relação entre a realidade exterior e interior, traçando uma analogia com a confirmação dos recentes conceitos de interações locais e não locais na física das partículas. Santos faz referência também a um renovado interesse de cientistas pelo conceito junguiano de inconsciente coletivo, imanente à humanidade no seu todo. (SANTOS, 2003)

b) Contribuições da Psicologia

Por meio da psicologia genética, Jean Piaget trouxe uma importante colaboração. A busca pela equilibração se dá na interação sujeito x objeto, pelos incessantes movimentos da assimilação e acomodação. Isso se dá por uma busca que mantém a estabilidade, um ponto de equilíbrio, mas que é formada por movimentos oscilantes pendulares, de diálogo entre opostos.

O indivíduo se constrói à medida que se relaciona com o objeto externo, a ponto de transformá-lo. Esta concepção traz a necessidade de uma revisão nas visões de mundo, especialmente as educacionais, que focam ora o sujeito, ora o objeto, colocando em cheque as visões cindidas que olham ora em uma realidade preexistente, ora na crença de que o indivíduo traz habilidades inatas.

Embora as contribuições de Piaget orbitem significativamente em torno da construção do pensamento lógico do indivíduo, é, inegavelmente, uma visão provocadora; e a sua colaboração para a construção de novos paradigmas que se pautam pela busca de uma postura dialógica é inegável..

O psicoterapeuta Carlos Amadeu Byington, busca explicações para as cisões existentes em nossa realidade, cita a extrema racionalização que tomou conta do pensamento científico, principalmente a partir do século XVIII.

O autor enfoca muito especialmente a questão das cisões do pensamento refletidas na educação, a força da visão racionalista a influenciar diversas linhas filosófico-pedagógicas, inclusive as de cunho humanista. Refere-se a um enraizamento histórico, citando a necessidade da reunião do subjetivo com o objetivo na teoria e no método simbólico do ensino. Traz a questão do modelo da alteridade para a educação, referindo-se ao arquétipo da alteridade, que pressupõe o exercício do diálogo entre os arquétipos materno e paterno, os quais trazem contribuições de extrema relevância, da ordem da subjetividade (acolhimento, aceitação), e da objetividade, (as regras, os limites), respectivamente. Tal diálogo é extremamente necessário para a concepção de uma nova realidade social, cultural, educacional (BYINGTON, 2003).

O médico e psicólogo Carl Gustav Jung, criador da psicologia analítica, manifesta sua preocupação com a questão da totalidade do indivíduo. Jung cita uma realidade que fragmenta o indivíduo, e que este possui pouca consciência de sua inteireza. Neste contexto, o sujeito submete-se às exigências de uma cultura movida pelos paradigmas dominantes, que, muitas vezes, possuem uma força de impedir diálogos necessários ao processo de vir a ser do indivíduo (apud GRINBERG, 2003). Isso torna difícil para o indivíduo alcançar a inteireza e o equilíbrio, elementos que o sujeito buscará em sua trajetória de vida, procurando individuar-se, ou seja, tornar-se um indivíduo por inteiro.

Assim, podemos perceber, por meio de um resumo de alguns referenciais teóricos, que estes denunciam contextos fragmentados nos quais se inserem os indivíduos e apontam para a importância de se buscar um ponto de equilíbrio; este ocorrerá pela adoção de uma postura dialógica que traz movimentos de aproximação e distanciamento em uma pulsação comum, de processo de busca, que mantém certa estabilidade em movimento.

Faço uma breve referência a essas teorias, pois elas nos remetem à necessidade de construirmos nossa prática profissional baseada na visão de resgate do indivíduo em sua inteireza. Com essa finalidade, faz-se necessário a busca de subsídios para que sejamos capazes de fazer leituras complexas e abrangentes acerca dos problemas que envolvem o indivíduo, o conhecimento e a busca de novos paradigmas.

Olhar o indivíduo pelo viés da multiplicidade é fundamental para um profissional da área da educação, que pretenda construir uma práxis inovadora e transformadora de uma realidade objetiva excludente, cruel.

Focaremos a questão da educação, especialmente as questões ligadas à aprendizagem, analisando a presença destes paradigmas em nossa realidade atual.

1. 2 – Sobre os paradigmas vigentes na educação

Ao pensarmos sobre a situação da educação, veremos que, até bem pouco tempo, ainda havia a total predominância de uma visão relativa ao conhecimento, onde o aprender se dava levando em conta a transmissão de conteúdos, a memorização e a repetição.

O fato é que a educação bancária, termo cunhado por Paulo Freire, ainda se encontra muito presente em concepções educacionais. Isso implica em entender que no ato de aprender exclui-se o próprio sujeito do conhecimento.

A partir da Idade Moderna, o mundo passou a ser quantificado e o homem a ser considerado como ser passível de ser objetivado. Em razão disso, tudo passou a ser visto pelo olhar do que pode ser mensurável, inclusive a inteligência humana.

Então, a questão que se coloca é como trazer o indivíduo para seu processo de construção do conhecimento, resgatando tantas outras características importantes inerentes ao humano, que foram aviltadas pela valorização da extrema objetividade?

Como fica a questão da subjetividade humana sem ter que banalizar o valor do conhecimento objetivo?

Embora muitas contribuições filosóficas tenham sido importantes para a formulação de uma nova visão de homem e de mundo, e para a formulação de novas propostas educacionais, especialmente as que advêm dos ideais humanistas de Rousseau, o que ainda presenciamos é a predominância de "linhas pedagógicas" e métodos educacionais carentes de uma visão mais abrangente acerca da condição humana. Convém ressaltar, pois, que as visões advindas do Iluminismo, embora humanistas, possuem um caráter racionalista que ainda hoje influenciam muitas das tendências educacionais do Ocidente.

Podemos presenciar, entretanto, a influência de linhas pedagógicas que ora enfocam o sujeito, como o inatismo, cujas condições de aprendizagem são inerentes ao homem desde seu nascimento; ora o objeto, como o ambientalismo, que vê o sujeito como tábula rasa, fruto do meio em que vive. Tais visões ainda estão presentes nas instituições educacionais.

A proposta interacionista que busca o foco no diálogo sujeito/objeto divide tendências. As linhas construtivistas que baseiam suas práticas nas ideias de Piaget costumam dar maior ênfase ao sujeito; e a dos sociointeracionistas, que tomam como base as ideias de Vygostsky, privilegiam a cultura.

Segundo Vera Placco, vários autores contemporâneos pensam em fazer dialogar essas duas posturas, sintetizando-as numa espécie de coconstrutivismo.

Entretanto, podemos constatar que nossa realidade educacional ainda se distancia de uma visão abrangente a respeito de como os indivíduos se apropriam do conhecimento.

A cultura educacional em que estamos imersos sofre ainda fortes influências de conceitos e paradigmas que embasam nossa compreensão sobre educação e aprendizagem.

Ao analisarmos, por exemplo, as concepções filosófico-educacionais presentes em culturas hegemônicas, como a dos EUA, veremos algumas das tendências educacionais presentes na cultura do Ocidente, a serem influenciadas pela visão empirista anglo-saxônica de Locke, arraigada nos valores e visões de mundo lá predominantes.

A cultura norte-americana é famosa por seu "pragmatismo". Já a Europa ocidental é mais influenciada pela visão racional humanista trazida pelo Iluminismo, que fomentou a Revolução Francesa e tantos outros movimentos de cunho humanista-racionalista em várias partes do mundo.

No jogo de interesses pela manutenção das hegemonias, a presença das visões empiristas versus racionalistas (ainda que humanistas) a influenciar na formação do indivíduo, parece ainda servir ao propósito da manutenção do *status quo* vigente no mundo.

Assim podemos concluir que a problemática da educação ostenta íntima ligação com paradigmas cristalizados na sociedade. Afinal, as escolas devem se preocupar com a aquisição do pensamento lógico, através dos conteúdos e dos preparos para os vestibulares, ou devem buscar contextos práticos na aprendizagem? A escola deve preocupar-se mais com o lado formativo ou informativo? O conhecimento crítico sobre essas questões é importantíssimo para a formulação de uma práxis profissional que busque o diálogo entre as diferentes visões educacionais. Uma visão não deve estar a serviço de aniquilar a outra, visto que não são excludentes, mas podem ser complementares, na construção de novas alternativas.

Ao focarmos ainda mais profundamente a questão da educação, veremos que há ainda, além da presença dual de tendências pedagógicas ora focadas no sujeito, ora no objeto, algumas iniciativas educacionais presentes em instituições que vislumbram a inclusão do indivíduo, mas que são comprometidas pela visão parcial na análise dos agentes causadores do fator de exclusão humana na sociedade.

Isso se deve, principalmente, pelo fato de que tais instituições se encontram inundadas de discursos hegemônicos, ora tradicionais, ora que se apresentam como modernos e inovadores. Entretanto, em essência, são conservadores ao se pautarem em velhos paradigmas, pois subestimam verdadeiramente o diálogo sujeito "x" objeto, como também a subjetividade humana, a realidade do sujeito e a multiplicidade das formas do ser e aprender dos indivíduos.

Precisamos também estar atentos a práticas educacionais que, na tentativa de negar a influência de linhas pedagógicas pautadas excessivamente na objetividade, subestimam importantes fatores objetivos necessários para que o indivíduo estabeleça uma relação saudável com a aprendizagem. Tais propostas, muitas vezes, cultuam a importância do sujeito no processo de forma polarizada. Muitas vezes acabam por engrossar um caldo de cultura, que tem propiciado a prática do individualismo.

Os sujeitos, assim, tendem a desenvolver uma atitude excessivamente pragmática, desprovida do olhar responsável para a construção de uma realidade que se preocupa com o coletivo. É fato que tais práticas educacionais colaboram para a cristalização de uma geração que tem dificuldades em lidar com frustrações, em transpor obstáculos e em perseverar.

Muitas vezes, podemos ver jovens com atitudes excessivamente "lúdicas" em relação a diferentes circunstâncias. Este lúdico, que por vezes se apresenta de forma caricatural, pode vir a alimentar relações interpessoais desprovidas de respeito ao outro e às suas diferenças.

A prática do *bullying*, tão presente hoje em instituições escolares, muitas vezes, advém deste lúdico distorcido, onde ridicularizar e achincalhar o outro são formas de se obter *status* no meio adolescente. De fato, os responsáveis diretos por praticar *bullying* não são a maioria, e suas ações podem ser movidas por múltiplos fatores que precisam ser observados com seriedade. Mas, sem dúvida, estes sujeitos são capazes de mobilizar uma rede de relações que se constituem desprovidas de respeito ao outro.

Há um verdadeiro arsenal de apoios diretos e indiretos, que sustenta e dá retaguarda aos indivíduos que desenvolvem essa prática.

Muitas crianças e jovens, por medo, por omissão, ou mesmo por achar divertido, acabam por sustentar, ainda que de forma indireta, a prática do *bullying*. É fato que nenhum palhaço se sustenta sem o riso e os aplausos da plateia, e, assim, a prática de ridicularizar o outro vai se popularizando e se tornando quase corriqueira nos ambientes escolares.

Precisamos, entretanto, mais do que nunca, estar atentos aos discursos e às práticas educacionais presentes em nossa sociedade, pois, muitas vezes, esses discursos lançam mão de posturas de condescendência em relação aos considerados "mais fracos", se comparados à escala de referência do que se considera um aluno "forte", evitando que acessem o conhecimento.

Tal situação impede ações concretas para promover a educação ao *status* de importante instrumento de transformação do homem, que possa fazer com que alcance o autoconhecimento, o conhecimento do outro, e que seja capaz de realizar uma leitura crítica de uma realidade mais complexa na qual está inserido.

O discurso que invade as instituições – em especial as educacionais —, e que se apresenta como moderno, inovador, colabora para a pulverização de diferenças, já que ostenta um discurso de igualdade que traz a padronização de tratamentos para os indivíduos, comprometendo, dessa forma, a visão que se concebe do propósito educacional.

Assim, no nosso entendimento, não levar em consideração diferenças, é não considerar a subjetividade do ser humano, suas condições socioeconômicas, subestimar sua história de vida e seus diferentes estilos cognitivos. Desta forma, o crescimento pessoal e a qualidade da troca com seu semelhante, no que se refere à partilha de ideias, emoções e sentimentos ficam comprometidos.

Respeitar que somos iguais em espécie, que compartilhamos sonhos em comum, que somos seres coletivos, não deve, em absoluto, desconsiderar que também temos nossas individualidades, singularidades, nossos estilos, que representam nossa "alma" e que precisam fazer parte do processo educacional.

Byington, em referência a ações educacionais, nos fala da necessidade de uma pedagogia simbólica, que faça aflorar a emoção, o prazer do aprender, o lúdico e o repertório existencial do indivíduo.

Morin ressalta sua crença no papel do ensino, colocando "aos educadores um desafio": *"A despeito da ausência de uma ciência do homem que coordene e ligue as ciências do homem, o ensino pode tentar, eficientemente, promover a convergência das ciências naturais, das ciências humanas, da cultura das humanidades e da filosofia para a condição humana. Seria possível, daí em diante, chegar a uma tomada de consciência da coletividade do destino próprio de nossa era planetária, onde todos os humanos são confrontados com os mesmos problemas vitais e mortais"* (MORIN, 2000).

Eloisa Fagali (2001), em suas contribuições sobre diferentes estilos cognitivo-afetivos, traz o olhar para ações educacionais que sustentem um diálogo coerente entre o pensar e o fazer, o sentir, o intuir, o criar, onde o indivíduo é concebido em sua inteireza. A ideia de contemplar as diferentes formas de ser e aprender do indivíduo, pelo respeito à tipologia, os dons e às possibilidades da criança, presta uma importante contribuição, ao construir uma prática educativa que traz para a educação a dimensão simbólica revolucionária, que facilita o diálogo com as diferenças. A autora enfoca a importância da dinâmica relacional no processo de conhecimento, trazendo a possibilidade de um redimensionamento do educador em relação à concepção que faz de homem.

O projeto por mim desenvolvido, intitulado "Brincando com as dificuldades", que relato no próximo capítulo, procura se valer de um olhar sistêmico, dinâmico e dialógico para entender os múltiplos fatores que interferem na aprendizagem dos indivíduos. Segundo Eloisa Fagali, os indivíduos possuem diferentes estilos cognitivo-afetivos. Estes estilos se caracterizam por múltiplos fatores; a autora ressalta a importância de se observar a contribuição dos arquétipos junguianos, dentre eles os tipos psicológicos, na compreensão do estilo de cada indivíduo na sua relação com o mundo e com a aprendizagem. Jung fala de quatro principais funções de contato que o indivíduo aciona ao se relacionar com o mundo e que tendem a se harmonizar ao longo do processo de individuação do sujeito. No livro a tipologia de Jung, Marie-Louse vonz Franz descreve os tipos psicológicos, esclarecendo sobre a dinâmica das funções principal, inferior e as funções auxiliares que envolvem o processo de individuação do sujeito, conforme teoria de Carl Gustav Jung.

Segundo Fagali, as funções de contato com o mundo: pensamento, sentimento, intuição, percepção, aparecem com maior ou menor grau de intensidade na forma com que cada indivíduo lida com o aprender. Ao levar-se em consideração que o indivíduo tende a harmonizar essas funções ao longo da vida, a educação deve tomar o cuidado para não estigmatizar o sujeito que "foge" aos padrões tidos como normais. Ao reconhecer e validar determinadas características do indivíduo, podemos colaborar para que o mesmo amplie seu universo e seu modo de ser no mundo.

Essas colaborações da autora me subsidiaram na percepção e compreensão dos estilos predominantes e nos diferentes jeitos de lidar com a aprendizagem das professoras aprendizes, bem como das crianças que participaram do referido projeto. Pude, desta forma, encontrar alguns elementos auxiliares na compreensão dos diferentes processos de aprendizagem que envolvem os sujeitos. Na medida em que conhecemos algumas dinâmicas e jeitos do indivíduo lidar com o mundo externo, podemos nos valer de ricos subsídios que funcionam como portas de entrada para nosso vínculo com nossos aprendizes. Em minha forma de entender, é através do vínculo significativo que podemos ajudar nossos aprendizes a ampliar seu universo de habilidades, competências e recursos para lidar com a realidade externa. Abaixo relato de forma bem suscinta as principais características das funções embasadas nos tipos psicológicos de Jung, na interpretação de Eloisa Fagali.

A função sentimento tem a ver com o julgamento ou o valor ético subjetivo que o indivíduo atribui aos fatos. Ela imprime nossa interação com os objetos ou pessoas em gradações de rejeição, aceitação, prazer, desprazer, do julgamento do bem e do mal, do belo e do feio.

Na situação de aprendizagem, essa forma de contato se manifesta como identificações e desidentificações com os processos, com as relações de empatia ou projeções, nas dinâmicas relacionais em que são envolvidos o aprendiz, o educador, o contexto e todas as mediações presentes.

A função pensamento é a racionalização em busca dos princípios gerais explicativos, articulando conceitos, classificando-os, sequenciando-os e atribuindo-lhes definições. Neste processo, submetem-se as representações explicativas a um ato deliberado de julgamento racional. Por essa função, busca-se uma sequência linear de antecedentes consequentes, uma relação de causa e efeito, procura-se a pertinência dos fatos, as deduções e implicações. Numa situação de aprendizagem em que se enfatiza o movimento do pensamento lógico, a autora salienta algumas tendências, tais como a presença explicativa de causa e efeito, as reflexões teóricas em busca de leis, regras ou princípios, explicações abstratas, a busca dos porquês.

A função sensação é a que possibilita a percepção concreta dos objetos e das pessoas; é o conhecimento que se dá com base na experiência, chegando-nos pelos sentidos. Pela sensação, capta-se o que é no "aqui e agora", independentemente da lógica. Basicamente, numa situação de aprendizagem, podem-se notar as seguintes manifestações dessa função: ênfase na observação, procura de objetividade dos fatos, contato com as propriedades sensoriais do objeto, descrição de sensações internas sensoriais provocadas pelo objeto, preocupação com o estético, interesse por conteúdos como experiência e manipulação, sem elaborações teóricas.

A **função intuição** se diferencia da sensação, uma vez que capta algo da experiência, mas extrapola o aqui e agora, indo além dos fatos. É uma forma de captação inconsciente, o pensamento da fantasia. Na relação de aprendizagem, os sujeitos manifestam, entre outras coisas: contato com as generalidades, busca de criação e modificação no ambiente, processo de autodescobertas, em busca do autoconhecimento; diálogo com o jogo do possível e da fantasia, que transcende o aqui e agora, resistência ao preestabelecido, planejado e controlado.

"Só uma grande intuição pode ser bússola nos descampados da alma; só com um sentido que usa da inteligência, mas se não assemelha a ela, embora nisto com ela se funda, se pode distinguir estas figuras de sonho na sua realidade de uma a outra".

(Fernando Pessoa)

Com o objetivo de gerar reflexão, lanço mão de uma historinha que fez parte de um processo seletivo que participei de autoria por mim desconhecida, que procura trazer, de um jeito quase caricato, diferentes tipos psicológicos e as formas de o indivíduo conceber suas visões e jeitos de estar no mundo. Podemos refletir, através dela, sobre o risco de se tentar classificar ou categorizar os indivíduos, ao buscarmos o jeito "certo" de lidar com o mundo. Em uma atividade que se pretenda discutir diferenças, esta pode ser uma interessante atividade lúdica em grupo.

Era uma vez um rei à beira da morte, que tinha quatro filhos. Precisava escolher um deles para assumir o seu lugar em breve. A cada um deles perguntou qual a imediata providência em relação ao reino, que se encontrava com sérios problemas caso assumisse o trono. O primeiro filho disse-lhe que a primeira providência seria fazer grandes planejamentos estratégicos, que convocaria uma equipe para que juntos elaborassem um plano de ação para colocar em prática. O segundo filho disse-lhe que a primeira providência seria investir nas relações entre as pessoas, garantindo que esta seria a porta de entrada para as principais transformações. O terceiro filho revela que colocaria todo o reino a trabalhar como formigas na construção de uma nova sociedade e que daria ênfase às ações práticas e à organização das coisas. O último filho disse que tinha ideias inusitadas de vanguarda para a coletividade, que investiria nas artes, no desenvolvimento do potencial criativo de todos, e que buscaria uma inusitada forma de governar o novo reino, com um olhar para a transformação radical deste.

A historinha se encerra com solicitação de que o ouvinte revele com quais dos príncipes se identifica mais: com o príncipe coruja, o príncipe golfinho, o príncipe formiga, ou com o príncipe águia, que, na história, representam, de forma superficial, os tipos pensamento, sentimento, perceptivo e intuitivo, respectivamente.

Como já comentei, em hipótese alguma essa história deve servir para classificar as pessoas ou mesmo para dar respostas aos estilos dos indivíduos. Entretanto, ela pode servir como um exercício que, atrelado a outras atividades, pode levar as pessoas a observarem melhor as diferenças, a buscar autoconhecimento e a entender que os indivíduos não são iguais,, mas que podem ampliar suas visões e jeitos de ser no mundo. Naturalmente que o sujeito pode se sentir identificado com o jeito dos quatro príncipes sucessores, até porque o que se espera do indivíduo é que ele perceba que não existe apenas uma forma de ver o mundo, mas que existem muitas e que elas não são excludentes. O ideal é que cada indivíduo, ainda que possua a predominância de um estilo que pode ser muito singular e que precisa ser respeitado, cuide de todos aspectos da ordem do pensamento, do sentimento, da intuição e da percepção e que perceba a força das diferenças das partes para a composição do todo.

Em minha prática clínica como Psicopedagoga, foi possível observar que há crianças com estilos bem pronunciados em sua forma de entrar em contato com o conhecimento. Posso, inclusive, dizer, por experiência e por vivências, que existem crianças com características fortemente intuitivas, e que, a depender de tantos outros elementos de sua formação, podem apresentar dificuldades com o exigido na formação acadêmica tradicional, por possuírem uma forma não linear de contatar a realidade.

Indivíduos com características exacerbadas de intuição tendem a desenvolver uma atenção mais global, em busca das associações e relações com o todo, em detrimento do olhar focado para as partes, e detalhes minuciosos. Elas também podem apresentar uma forma de organização menos linear, nada metódica: frequentemente são pessoas que se "acham na bagunça" quando lhes é dada certa autonomia para buscarem seus próprios recursos.

Na escola, que traz padrões de organização, memorização, e uma formalidade bem linear na relação com o conhecimento, estas crianças podem ser classificadas como "alunos com dificuldades para aprender", para se organizar, inaptos a atividades que exijam uma organização "impecável". Esse julgamento pode ser negativo para alguns.

No momento em que se classifica de forma estereotipada o indivíduo, este pode vir a desenvolver uma visão nada realista acerca de suas reais capacidades e se verem impedidos de ampliar seu universo, seu jeito de ser no mundo. É claro que uma criança intuitiva pode e deve desenvolver outras funções de contato com o mundo, porém, esse equilíbrio pode se dar de forma mais satisfatória à medida que identificamos e validamos determinadas características predominantes no indivíduo, e à medida que a educação se valha de recursos para contemplar uma realidade mais heterogênea.

Sempre que procuramos enquadrar um indivíduo em padrões, sem considerar o seu "vir a ser", deparamo-nos com entraves impeditivos para que o mesmo se desenvolva de forma harmônica e até que se abra para novas formas de lidar com o conhecimento e com o mundo. Este é apenas um exemplo de como se pode colaborar para a formação do indivíduo descrente de si, capaz de bloquear importantes processos de aprendizado.

Seguramente, todos os educadores e envolvidos no processo educacional devem construir sua prática a partir de uma visão crítica que vá além de análises parciais nas questões que envolvem a aprendizagem. É preciso superar visões unidimensionais, fazer uma leitura crítica acerca dos paradigmas vigentes, concebendo o conhecimento não como a reprodução de um conjunto de informações, mas pelo viés da construção do saber que se dá pelo real e profundo interesse pelo outro. Assim, é possível buscar a integração entre razão e emoção, intuição, criatividade e a subjetividade humanas.

Todas essas questões nos remetem à necessidade de contextualizar o homem pelo prisma da totalidade, evitando assim o risco de análises parciais de problemas que envolvem a condição humana. A visão de causa e efeito, reflexo dos paradigmas modernos, deve ceder lugar a uma análise que considera multifatores em relação aos problemas existenciais do homem, olhando-o em sua inteireza.

Acredito que, dessa forma, poderemos pensar a questão da inclusão humana e construir nossas práticas educacionais de forma mais abrangente.

Capítulo IX

2. Projeto brincando com as dificuldades em busca de ações transformadoras da realidade

2.1 - A prática inspiradora do projeto

Ao iniciar meu trabalho como professora de Filosofia da Educação em curso de magistério superior, em 2004, a questão que mais me instigou foi a necessidade de fazer um trabalho diferenciado com minhas educandas, futuras professoras do ensino infantil e do fundamental.

Pensei na importância de subsidiá-las por meio das disciplinas por mim ministradas, na formação de uma visão ampla, crítica, acerca das questões que envolvem os problemas educacionais. Assim, procurei enfatizar a inclusão humana por uma visão de inteireza, de totalidade.

Em nossas conversas, era visível a visão fragmentada que tinham acerca da Educação. Por vezes, apareciam visões que enalteciam puramente o pensamento "lógico", com foco no objeto do conhecimento, nas quais o bom professor aparece em expressões marcadas por ideais focados no saber acumulado: bom professor é o que passa bem a matéria, é o que domina os conhecimentos, é aquele que encanta com seu saber. Outras vezes, a visão de bom professor era concebida como: aquele que estabelece um bom relacionamento com seus alunos, que é carinhoso, que gosta de seus alunos. Nota-se, portanto, que prevalecem as visões cindidas, em que a razão encontra-se separada da emoção.

Procurando ir além das explicações que enfocam a dualidade sujeito x objeto no entendimento das questões referentes aos problemas da educação, iniciei um trabalho, de caráter abrangente, que colaborasse na formação da visão crítica a se refletir na práxis de minhas educandas.

Com a intenção de auxiliá-las em seu processo de construção de uma práxis profissional consciente e crítica encontrei subsídios em vários autores, pensadores, filósofos.

À época, tinha acabado de ler *A cabeça bem-feita* de Edgard Morin, no qual ele propõe o surgimento das grandes finalidades do ensino, onde o conhecimento fosse reorganizado sob a ótica de uma aproximação do pensamento científico com o pensamento humanista. Essa proposta traz a ideia de uma cabeça bem feita em lugar de uma bem cheia.

Os subsídios trazidos pela obra buscavam ensinar o ser humano a enfrentar as incertezas, por meio de uma reforma do pensamento. Denunciava, assim, a fragmentação existente no pensamento do Ocidente, marcado pela cisão entre ciências naturais e sociais.

Assim, foi possível aprofundar os pensamentos filosóficos que influenciaram as pedagogias da essência e da existência, as visões educacionais focadas ora no sujeito ora no objeto e que influenciam, sobremaneira, as linhas educacionais tradicionais, racionalistas, empiristas.

As contribuições humanistas, o olhar fenomenológico e a necessidade de uma nova práxis educacional que contemple o indivíduo em sua inteireza passaram a fazer parte de aulas vibrantes de Filosofia da educação. A isso somaram-se os conceitos filosóficos, conhecimentos de história, psicologia, sociologia, buscando sempre uma conexão com a realidade atual, sob a ótica de uma análise crítica acerca da educação.

À época, iniciara meu trabalho clínico como Psicopedagoga, que me trouxe condições instrumentais, vivenciais, atividades enriquecedoras de minha prática docente. Sentia-me fortalecida e encorajada a elaborar um projeto que contemplasse a inclusão pelo prisma da multiplicidade humana. Assim, surgiu o projeto "Brincando com as dificuldades", título escolhido por uma das aprendizes do curso.

O projeto, que nasceu da intenção de subsidiar as professoras aprendizes do curso de magistério superior no entendimento das questões ligadas ao aprendizado, desdobrou-se em múltiplas ações, que contemplaram pais, professores educandos, crianças e todos os envolvidos na realização do projeto.

Foi, de fato, uma rica experiência, que se iniciou em 2005 e terminou em 2008.

A partir principalmente das contribuições da Psicopedagogia, visamos auxiliar nossas ensinantes-aprendizes na construção de uma práxis que pudesse transcender as visões pedagógicas parciais, sem prescindir das ideias trazidas pelo construtivismo crítico, que facilita a dialógica interacionismo/ sociointeracionismo, levamos em consideração os paradigmas que sustentam a sociedade ocidental, entre eles, o racionalismo exacerbado, presente na cultura, que fragmenta o humano, porém sem perder de vista que é imprescindível considerar a possibilidade do vir a ser do indivíduo.

Em razão disso, procuramos desenvolver em nossas educandas o olhar sistêmico e fenomenológico, sensível para olhar causas das dificuldades que se manifestam na aprendizagem, a partir do olhar e do entendimento da inteireza humana, dos limites e potencialidades do sujeito.

Esse projeto considerou imprescindível propiciar o desenvolvimento do autoconhecimento das aprendizes-ensinantes e dos aprendizes envolvidos, agregando aos conceitos a importância do diálogo com simbologias e subjetividades, buscando a articulação entre as diferentes formas de pensar, ser, intuir, e de contatar o conhecimento que o indivíduo dispõe.

De acordo com Jung, *"[...] o símbolo é uma forma extremamente complexa. Nela, se reúnem opostos numa síntese que não pode ser formulada dentro de conceitos, mas sim, de imagens"*. De uma parte, o símbolo é acessível à razão, de outra, porém lhe escapa para vir fazer vibrar cordas ocultas no inconsciente [...] *"Um símbolo não traz explicações, impulsiona para além de si mesmo na direção de um sentido ainda distante, inapreensível, e que nenhuma palavra da língua falada poderia exprimir de maneira satisfatória"* (apud SILVEIRA, 86, p.80).

Por isso, em nosso projeto, atribuímos importante valor aos símbolos, considerando inclusive os conceitos arquetípicos que estão no inconsciente coletivo e que também são responsáveis por padrões a influenciar nas atitudes e nas formas com que os indivíduos lidam com a realidade e com o conhecimento.

Para tanto, buscamos as contribuições de Jung, baseando-nos no trabalho de suas ideias desenvolvido por Carlos Byington (que em sua obra sobre pedagogia simbólica denuncia a prevalência dos arquétipos patriarcais presentes nos paradigmas sociais e que se manifestam na dinâmica da escola, apontado para a possibilidade do arquétipo da alteridade. Tal arquétipo se processa na "[...] *dialógica entre os arquétipos matriarcal e patriarcal, valorizando, desta forma, o desenvolvimento de diferentes funções de contato na construção pedagógica, na aprendizagem. Tais funções são: pensamento, sentimento, sensorial-perceptivo e intuição*" (BYINGTON, 2003).

Procuramos, assim, instrumentalizar nossas alunas na construção de uma visão crítica com base na construção de suas próprias consciências como futuras educadoras capazes de autogerirem-se, de reconstruírem-se.

As aprendizes-educandas tiveram a oportunidade, por meio de dinâmicas, vivências, através de recursos em arteterapia, ou mesmo pela participação em discussões acerca dos fatos significativos que envolvem a educação, de se municiarem para o entendimento acerca do processo de construção da aprendizagem. Puderam, desta forma, construir suas práticas pedagógicas com foco no respeito à integridade e inteireza humanas, tendo como base um olhar sistêmico, para o todo.

O referido projeto também contou com a participação de diferentes profissionais que atuam interdisciplinarmente na educação, a saber: pedagogos, psicopedagogos, psicólogos, que enriqueceram o trabalho com as crianças carentes da periferia.

As atividades práticas que realizaram com as crianças, visaram a construção de uma pedagogia voltada para o respeito à realidade da criança. Dinâmicas, vivências, arteterapia, bem como atividades lúdicas que emergem da cultura popular (brincadeira de roda, contos de fada, danças circulares, jogos) foram importantes instrumentos utilizados.

As construções coletivas e individuais respeitaram as necessidades das crianças, sempre procurando observar e estimular seus diferentes estilos cognitivo-afetivos, sua realidade socioeconômica, sua subjetividade, sua dinâmica dentro dos grupos, dando a devida importância às questões simbólicas no diálogo com o conhecimento objetivo.

A intenção primordial deste projeto teve como objetivo principal, por meio de um trabalho de caráter solidário e inclusivo para com crianças carentes, auxiliar nossas alunas na concepção de sua práxis profissional, em que pudessem conceber o conhecimento não como a reprodução de um conjunto de informações, mas por meio do resgate da subjetividade, criatividade e intuição humanas.

A questão vivencial, prática a que o projeto se reporta, dá sustentação aos conteúdos conceituais vistos ao longo do curso de magistério superior, trazendo às nossas alunas a possibilidade de identificar na raiz os principais problemas que afligem crianças que não conseguem aprender. Assim, indo à gênese dos problemas que afligem tais sujeitos, é possível se fazer análises e reflexões profundas acerca dos problemas educacionais.

O projeto iniciou-se com a participação de seis aprendizes-ensinantes da segunda série do curso de magistério superior e Pedagogia. Em pouco tempo, eram 18 professoras-aprendizes.

O grupo que inicialmente se formara com 12 crianças em pouco tempo estendeu seu atendimento para 29 crianças carentes da comunidade. O contato foi feito por meio de visita às escolas da região. O espaço reservado aos atendimentos, tanto às crianças quanto aos seus pais, foi disponibilizado pela instituição para a qual prestávamos serviço.

2.2 - Procedimentos do projeto.

O projeto desenvolveu-se levando em conta o seguinte: o atendimento às crianças e aos pais, o contato com a escola de origem das crianças e a ampliação de consciência dos alunos ensinantes em aulas e supervisões.

a) Do atendimento às crianças

As aprendizes-ensinantes iniciam um trabalho de atendimento às crianças carentes, com o intuito de auxiliá-las na recuperação de perdas objetivas, tais como português e matemática. Porém, fundamentalmente, desemboca numa experiência, na qual as dificuldades de aprendizagem das crianças puderam ser associadas às várias questões que abordávamos e aprofundávamos nas reuniões semanais de supervisão.

A complexidade do conhecimento e os paradigmas que lhe dão sustentação, a questão da inclusão que deve levar em consideração a subjetividade humana, a dinâmica relacional eu-outro, as diferentes formas de aprender do indivíduo; essas e outras questões foram se fortalecendo e as atividades ganhando contornos significativos, à medida que as alunas acompanhavam e participavam do desenvolvimento e desempenho das crianças em relação às atividades que propúnhamos.

Foram atividades lúdicas, individuais e coletivas, de caráter simbólico, com metodologias diferenciadas, recursos de arteterapia, dinâmicas, que visavam o vínculo das crianças com as alunas-professoras. Todas essas atividades proporcionaram às crianças uma facilitação na apropriação do conhecimento objetivo e uma importante qualidade no desenvolvimento de relações interpessoais saudáveis.

b) Do atendimento aos pais

O atendimento aos pais foi realizado por mim, com o acompanhamento de quatro alunas do curso de magistério superior/Pedagogia, e três alunas do curso de Psicopedagogia, onde eu lecionava a disciplina de Dificuldades de Aprendizagem. Compostas por reuniões semanais, simultâneas às atividades das crianças, os encontros ocorriam nas manhãs de sábados.

As dinâmicas de atendimento aos pais também tiveram caráter individual e coletivo, momento em que procurávamos contextualizar as dificuldades das crianças, fazendo os pais refletirem sobre essas e outras questões, tais como as diferenças entre filhos, inclusive incentivando-os a falar sobre si mesmos. Vivências e atividades lúdicas também foram realizadas.

As trocas coletivas foram extremamente significativas, momentos que propiciaram aos pais reflexão sobre suas posturas e um compartilhar de sentimentos e expectativas entre os participantes do grupo.

Em palestras realizadas buscávamos análises mais objetivas, que remetiam os pais a uma leitura crítica do contexto atual. Discutíamos a questão de um passado recente vivido sob a égide de uma rigidez opressiva e sua transição para uma realidade oposta com características dionisíacas de culto ao prazer, e da realização dos desejos imediatos. Refletíamos sobre a busca da felicidade atrelada a um individualismo desmedido, onde a opressão muda de cara e tem como forte aliado os meios de comunicação de massa e seus padrões estéticos e de consumo.

Questões como desmantelamento da estruturada família nuclear, possibilitou que falássemos sobre os mitos presentes na sociedade e, consequentemente, nas relações familiares. Pudemos discorrer sobre a relação matriarcal, patriarcal e a necessidade do equilíbrio entre o arquétipo paterno que traz a questão das regras, do estruturante, do conhecimento objetivo do mundo, da razão e o materno traduzido por acolhimento, continência, emoção; tais papéis podem e devem ser exercidos tanto pelo pai, quanto pela mãe, já que cada indivíduo possui esta capacidade de exercer o lado materno e o paterno, simultaneamente. Esta postura visa qualidade na relação entre pais e filhos, onde haja respeito às diferenças individuais, à subjetividade e às peculiaridades dos filhos.

c) Do contato com as escolas das crianças

Realizamos visitas trimestrais às respectivas escolas, com o intuito de acompanharmos o desempenho das crianças, buscando informações substanciais que nos subsidiasse no entendimento das dificuldades existentes. Também pudemos colaborar com ricas informações para a escola sobre o que pudemos averiguar, constatar e intervir junto às crianças por nós atendidas.

d) Dos contatos com professores e profissionais participantes do projeto

Reuniões semanais:

Uma vez por semana, realizamos encontros com profissionais da equipe multidisciplinar, compostas por psicóloga, psicopedagoga, coordenadora educacional, professoras e as estudantes, sob minha supervisão, com o intuito de definir atividades, bem como fazer uma leitura do aproveitamento das crianças, avaliando e reavaliando as propostas e a qualidade destas.

O contato com as escolas de onde as crianças eram oriundas era feito, com certa constância, ora por visitas presenciais, ora por contatos telefônicos.

Vivências e supervisões com as professoras-aprendizes

O transcorrer do projeto apontou para uma clara necessidade de acionarmos um trabalho com as próprias educandas e de organizar atividades que as auxiliassem em seu processo de autoconhecimento e valorização da autoestima.

Neste aspecto, dinâmicas e atividades em arteterapia foram providencialmente desenvolvidas com o intuito de permitir o início de um movimento em que elas pudessem dialogar com sua subjetividade, questionando suas escolhas e atitudes frente à vida; foi um discreto trabalho, mas interessante.

Textos foram discutidos, filmes exibidos, conversas coletivas desenvolvidas, palestras foram ministradas, dinâmicas realizadas. Muitas vivências tiveram o intuito de acionar em todos os envolvidos no processo, o autoconhecimento, o conhecimento de seus estilos e jeitos de lidar com a realidade e com a aprendizagem. O resultado deste projeto foi extremamente positivo para todos os envolvidos. As crianças melhoram significativamente seus desempenhos escolares. As aprendizes educandas desenvolveram uma consciência crítica refinada acerca das questões que envolvem a aprendizagem. Puderam também se desenvolver, do ponto de vista pessoal e profissional. Muitas delas empregaram-se em pouco tempo em diferentes instituições.

Os pais das crianças também se sentiram bastante acolhidos, e puderam se rever e rever suas atitudes na orientação de seus filhos.

Todos os envolvidos no projeto, inclusive eu, percebemos nosso crescimento como profissionais interessados na construção de uma realidade mais justa, harmônica e respeitosa para com as diferenças. Sem dúvida, nos tornamos melhores do ponto de vista pessoal e profissional.

Considerações finais

Confiança
De todas as palavras que eu falei;
Apenas uma delas você guardou,
Era amor a palavra, isso eu pensei...
Mas foi "confiança" aquela que você lembrou...

(Nenhum de nós/ 2009)

Não tenho por hábito lembrar-me muito de histórias. Mesmo dos filmes que mais amei, muitas vezes, lembro-me apenas da sua essência. Os preferidos, como os de ficção científica, algumas comédias e alguns dramas, ainda preservo com maior nitidez.

Como curiosidade, trago recordação de uma novela que não me lembro do nome, sequer do enredo. Mas há uma passagem que nunca mais saiu de minha memória: dois amigos conversavam sobre o confiar e dos perigos que este comportamento pode trazer. Lembro-me nitidamente deste diálogo: "*...é preciso confiar, mas é necessário confiar desconfiando*". A amiga por quem era apaixonado então respondeu: "*...pois eu prefiro confiar confiando*".

Confiar confiando é fundamental, e ainda que esta postura possa eventualmente trazer decepções, frustrações, contrariedades, questionamentos é o caminho para a construção das verdadeiras relações pautadas na confiança.

As palavras proferidas numa simples novela que assisti quando criança, marcaram significativamente e nunca mais se apagaram de minha memória. Hoje, ao escrever este livro, não poderia deixar de lembrá-las, pois colocam em foco a construção das relações de confiança tão esgarçadas e pouco valorizadas em nossa cultura. Trata-se de uma situação paradoxal, pois nunca se precisou tanto da construção destas relações de confiança para se transpor uma realidade injusta, mas muito rica em possibilidades.

Paradoxo – acredito que ao ouvir essa palavra pela primeira vez tenha achado que soava estranho, nada suave, mas também familiar.

Talvez, intuitivamente, já soubesse da riqueza da representação da palavra paradoxo. Ela me conforta e me desassossega. Ajuda-me a lidar com minhas contradições, conflitos, minhas multiplicidades, sem me achar absurda e estranha. Posso, entretanto, me reconhecer como alguém diferente, com singularidades próprias, mas com muitas características em comum com o coletivo. Também me auxilia a compreender os sentidos da multiplicidade humana e do pensamento complexo que dialogam com a criatividade, a intuição, o aleatório, sem abrir mão de rigores, para alcançar a simplicidade! O rigor gerando o simples é um interessante paradoxo!

Acredito que analisar o contexto sócio-histórico em que estamos inseridos, à luz dos paradoxos, só nos faz entender o quanto estamos distantes e, ao mesmo tempo, próximos de transformações significativas.

Para essa paradoxal situação não nos cabe lamentar e nem ficarmos presos às nossas angústias, à falta de ação e ao comodismo. Também não se trata de nos prendermos às mazelas de nossa cultura, tampouco nos sentirmos prisioneiros de injustiças; estas não devem ser negadas, pois, de fato, existem, mas podem servir para alavancar ações que nos levem à superação de situações inaceitáveis.

Muitas injustiças foram frutos de relações interpessoais desprovidas de qualidade e amorosidade. De qualquer forma, a realidade dura e, de certa forma, cruel aí está. Como também estão disponíveis recursos significativos dos quais podemos nos valer para fazermos as coisas acontecerem.

Sem dúvida, as verdadeiras transformações passam por uma revolução de mentalidades. Para tanto é preciso muita força de vontade, mas, principalmente, exercitar o amor ao próximo. Validar, reconhecer, exigir, encorajar, acolher. Criar recursos para que o indivíduo desenvolva seu potencial criativo nos faz olhar com discernimento para o verdadeiro valor das artes.

Sempre tive uma visceral relação com as artes: teatro, cinema e um incondicional amor pela música. Quando era criança, gostava de cantar e de representar. A vontade de ir ao cinema, muitas vezes, era suprida pelo evento da televisão que surgia com suas novidades, programas, novelas. Lembro-me que, por falta de recursos, minha família e eu assistíamos aos programas televisivos na casa de um parente, que nos recebia com muito calor e receptividade.

Hoje, exercito meu poder criativo por meio da criação de charges, e também da escrita. As palavras são minha melhor forma de expressão.

Desta forma, fica prazeroso expressar, por meio de palavras, a importância das relações de confiança, pois acredito profundamente na sua construção. Então, ao analisarmos nossa realidade que está imersa aparentemente num caos, é possível vislumbrar muitas possibilidades, pois o olhar profundo deve estar voltado não para o que é, o que aí está em aparências, mas para o que pode vir a ser. E o vir a ser tem que estar destituído de julgamentos, de preconceitos, e do poder que humilha e subjuga. Estamos imersos num universo riquíssimo em possibilidades, e a própria história da humanidade nos fornece subsídios suficientes para entendermos e buscarmos caminhos adequados. Mas entender não é o suficiente.

A razão, que é extremamente importante, só é validada quando não for cindida dos sentimentos, da intuição, dos desejos e do querer profundo. E o ser humano é extremamente capaz de tudo isso.

Acolher e libertar. Atitudes aparentemente opostas, mas que podem ser uma perfeita combinação. Postura de diálogo, busca pela alteridade rumo à totalidade.

A prática educativa, que procura auxiliar o indivíduo em seu desenvolvimento pleno e sua aprendizagem satisfatória, deve sempre estar imbuída de uma postura dinâmica.

Neste aspecto, há que se buscar, simultaneamente, entre as atitudes de aceitação, acolhimento, escuta ao outro, a disponibilização de recursos necessários para que o indivíduo consiga desenvolver uma relação saudável e plena com o objeto de conhecimento, com o outro e consigo próprio. É uma tarefa instigante, desafiadora, que requer um constante exercício de preparo para os profissionais da área, porém, sempre sob a égide de amor ao ser humano.

Quando amamos o outro, somos tomados por uma enorme vontade de acolher, aceitar, mas também, ao mesmo tempo, desejamos que o outro cresça, se desenvolva, se estruture. Desejamos também sermos acolhidos e nos sentirmos livres. Assim, deve ser com nossos educandos, nossos clientes, nossos pares, parceiros, amigos e amores. Numa linguagem representativa, podemos nos referir ao arquétipo da alteridade que, segundo Byington, se dá pelo diálogo dos arquétipos materno e paterno, que entram em cena nessa dinâmica relacional, trazendo, ao mesmo tempo, acolhimento e libertação.

O arquétipo da alteridade é capaz de dialogar com as diferenças. É o arquétipo do convívio, da democracia, da união entre sujeito e objeto, ciência e religião, bem e mal, acolhimento e encorajamento (BYINGTON, 2003). Dessa forma, há a pulverização de manifestações maniqueístas, radicais; o olhar é para o todo. Neste âmbito, as partes são consideradas, porém não isoladamente, mas num contexto amplo; as partes compõem o todo.

É, de fato, uma visão que traz o diálogo com as diferenças que clama por inclusão. Um olhar que deve, sem dúvida, fazer parte de nossa prática educativa.

Entretanto, devemos entender que não se trata de uma tarefa simples, pois, afinal, a realidade a qual estamos submetidos, é extremamente complexa. Vivemos em realidade paradoxal, contrastante, heterogênea, que ainda cinde sujeito e objeto e que dissocia o produto do processo.

As diferentes subjetividades, inteligências, talentos, múltiplas formas de ser, de aprender estão aí a clamar por legitimação, reconhecimento, acolhimento, embora, muitas vezes, as restrições sejam imensas.

As contribuições da Psicopedagogia em muito têm auxiliado os educadores no entendimento dos multifatores que dificultam e impedem uma relação saudável do indivíduo, no tocante ao seu desenvolvimento e à sua aprendizagem. Seus fundamentos teóricos nos ajudam a analisar os principais fatores que dificultam a busca pela totalidade, de forma dinâmica e dialógica.

O educador deve estar apto a realizar uma leitura aprofundada a respeito dos paradigmas existentes em nossa realidade, que fazem parte de uma imbricada rede de relações.

É preciso entender o grau de comprometimento que esses paradigmas podem trazer, no sentido de dificultar o indivíduo na busca por constituir-se como homem pleno, consciente de sua condição humana e planetária.

Outras tantas contribuições trazidas pelas ciências, tais como psicologia, sociologia, pedagogia, física, fornecem importantes subsídios para a formação crítica do educador e apontam para a urgente necessidade de um redimensionamento paradigmático. Surge daí a necessidade imperiosa da busca por paradigmas emergentes, que sejam capazes de superar a força dos paradigmas vigentes. Morin nos fala com veemência a respeito da necessidade de uma revolução de mentalidades. Em seu livro, *A cabeça bem-feita*, escrito, principalmente, para educadores, nos fala sobre a importância de repensar a reforma, porém, reformando o pensamento.

É importante considerarmos, entretanto, que temos pela frente uma realidade nada simples. Se, por um lado, podemos vislumbrar perspectivas apontadas por novos caminhos trazidos pelas visões pós-modernas, que encontram respaldo entre muitos cientistas pensadores, filósofos, por outro, temos uma dura realidade segregadora.

Trata-se de uma racionalidade doutrinária, que procura impedir a compreensão da realidade e que se sustenta por encontrar respaldo em mitos antigos arraigados na coletividade, nos valores e nos paradigmas presentes nas instituições, tais como família, escola, mídia etc.

Tais valores insistem em permanecer presentes, impondo padrões únicos de comportamento que fortalecem a manutenção de uma realidade cindida, fragmentada, perversa.

Presente em nossa cultura temos a heterogeneidade humana a se manifestar pela diversidade, por um fervilhar de desejos coletivos e individuais clamando por pertencimento e melhoria de condições, buscando legitimidade. É uma realidade que pulsa a cada dia, e que não pode mais ser considerada como minoria, ou ser desconsiderada e colocada à margem, pois se traduz em forte movimento que aponta para a urgência de providências e transformações.

As insatisfações batem à porta da realidade que, objetivamente, não dá mais conta de conter a força latente da necessidade humana em relação a um pertencimento ainda não legitimado.

Os modelos padrões exigidos, o exagero estético, o culto ao superficial, a opressão que muda de cara, levam a uma gama enorme de pessoas a se confundirem com genéricos humanos em busca de um ideal tão difícil de alcançar. É preciso olhar profundamente para essa sociedade que tem se caracterizado por máscaras e aparências, que procuram jogar uma cortina de fumaça sobre as verdadeiras diferenças, embora apresente evoluções históricas muito importantes, conquistas significativas que alimentam nossa esperança e fé no ser humano e que nos encoraja a prosseguir em busca da construção de uma realidade mais justa.

Há muita inteligência na heterogeneidade. Há múltiplas inteligências e formas de ser do humano. Em razão dessa multiplicidade, é preciso aceitar isso, de verdade, não com condescendência ou, mesmo, com tolerância que busca um convívio "amistoso", porém destituído de profundidade.

É preciso olhar o outro de fato, na sua essência, na sua alma, individualidade, e ter a capacidade de se ver refletido nesse outro, que é meu semelhante, e que compõe um todo maior, planetário, formado por diferentes partes. Afinal, somos partes de um todo indivisível. Somos forças da natureza, fazemos parte de um cosmos, filhos da mesma matéria.

Entender isso, não é o suficiente. É preciso que sintamos isso. Que vivenciemos esse sentimento de amor ao próximo, à natureza e o respeito aos seres viventes.

A prática educativa torna-se inviável se não tivermos um olhar para essa situação, para o indivíduo em sua inteireza. E isso pressupõe acolhimento. Muito acolhimento, respeito profundo pelo outro, por meio da postura materna, que deve ser resgatada em equilíbrio com a postura paterna estruturante, das regras, como também da criatividade produtiva, do encorajamento que pressupõe seguir adiante, avançar! Pensemos então no princípio da alteridade, buscando o diálogo entre os opostos. É de fato um grande desafio, a postura de alternância entre as qualidades maternas e paternas, mas todo ser humano, independentemente de gênero, possui em si essas qualidades. Esse é o quadro de realidade que temos pela frente. Vivemos numa fase de transição em que precisamos ficar muito atentos para não nos tornarmos reféns de uma realidade que aparentemente oferece liberdade, mas é extremamente aprisionante. E é essa realidade que temos que discutir com nossos educandos, nossos filhos, nossos mestres, nossos pares, buscando um preparo para melhor lidarmos com ela.

Minha experiência profissional como orientadora educacional e psicopedagoga, tem me levado a um crescimento enorme, e a certeza de que muito tenho ainda a me aprimorar. Desde o início de minha trajetória profissional, que começou como recepcionista em um hospital psiquiátrico, passando por trabalho como professora, orientadora educacional e psicopedagoga, sempre trouxe esse olhar imprescindível para as diferenças. De fato, toda minha experiência vivida, em especial a prática vivenciada por ricos projetos como psicopedagoga, me possibilitou um exercício enriquecedor do diálogo entre o sentir e o pensar, o criar e o intuir, e seguramente isso não para por aqui. Há, ainda, muito para aprender e compartilhar.

A realização deste livro trouxe-me o grande prazer da construção, da autoria. Desta forma, o prazer das extrapolações intuitivas buscou o diálogo com o prático e o estruturante.

Senti que, de fato, meu pensamento lógico dialogou com meu pensar simbólico. Percebi que precisei buscar muito de mim, num exercício de escuta interna na relação com a realidade externa, e pude me colocar sem medos acerca de várias questões que considero de extrema importância para a construção de uma realidade mais harmônica. Em alguns momentos deparei-me com algumas dificuldades que me fizeram refletir, repensar e até reconstruir conceitos.

Creio na educação e em sua força transformadora. Acredito que o educar seja um ato de coragem e amorosidade, que pressupõe troca significativa. No processo de aprender, há a necessidade do olhar generoso para si e para o outro; aí consiste em minha opinião, a grande riqueza humana. A educação pode e deve colaborar para a construção de ricas relações, pautadas na confiança. Para tanto, é preciso confiar, confiando!

"Acima de tudo, sede fiel ao seu próprio ser e, assim como a noite segue o dia, jamais serei falso com qualquer pessoa".

Shakespeare

Referências Bibliográficas

BYINGTON, Carlos Amadeu Botelho. *A construção amorosa do saber*: (o fundamento e a finalidade da pedagogia e simbólica junguiana). São Paulo: Religare, 2003.

CALLIGARIS, Contardo. *A adolescência*. São Paulo: PUBLIFOLHA, 2000.

FAGALI, Eloísa Quadros. Múltiplas faces do aprender novos paradigmas da pós-modernidade São Paulo: Editora Unidas, 2001.

GRINBERG, Luiz Paulo. *Jung* – O homem criativo. São Paulo: Editora FTD, 2003.

JUNG, Carl Gustav. *O homem e seus símbolos*. Rio de Janeiro: Nova Fronteira, 1991.

MIZUKAMI, Maria da Graça Nicoletti. *Ensino*: As abordagens do processo. São Paulo: EPU, 1986.

MORIN, Edgar. *O método 3*: Conhecimento do conhecimento. Editora Salinas, 1999.

___. *A cabeça bem-feita* (repensar a reforma, reformar o pensamento). Rio de Janeiro: Bertrand Brasil, 2000.

___. *Os sete saberes necessários à Educação do futuro.* São Paulo: Cortez Editora, UNESCO, 2004.

PORTILHO, Evelise Maria Labatut – artigo do livro In: Aprendizagem, tramas do conhecimento, do saber e da subjetividade. Petrópolis/São Paulo: Vozes/ABpp, 2006.

SANTOS, Boaventura de Souza.*Um discurso sobre as ciências.* São Paulo: Cortez Editora, 2003.

Von Franz Marie-Louise; A tipologia de Jung/ São Paulo Editora Cultrix 1971

Cortella- Mario Sérgio – texto Valores inadiáveis extraído do Google